경찰경호 체포술

Police-Guard Arrest Technique

정훈, 민새롬, 정현수 공저

도서출판 진영사

경찰경호 체포술

정훈, 민새롬, 정현수 공저

2023년 08월 23일 초판 인쇄
2023년 08월 25일 초판 발행

발행인: 박진영
발행처: 도서출판 진영사
인천광역시 부평구 주부토로 236 인천테크노밸리 U1 지식산업센터 B동 1507호
전화 : 032)505-4207
팩스 : 032)505-4206
E-mail : 0183734207@hanmail.net
신고번호 : 제2007-000001호(2007.01.19.)

ISBN: 978-89-6541-619-7 93350
값: 17,000원

경찰경호 체포술

정훈, 민새롬, 정현수 공저

도서출판 진영사

들어가기

위급한 범죄현장에서 국민을 보호하고 범인을 체포해야 하는 경찰은 업무의 특성상 수많은 위험에 노출되어 있습니다. 경찰청 통계에 따르면 2015-2019년 보고된 공상 경찰관 수는 총 8,503명으로 그중 약 30%인 2,470명이 범인피습으로 상해를 입고 있다고 합니다. 한해 평균 500여명의 경찰관이 범인체포의 현장에서 다치고 있는 셈입니다. 따라서 현장경찰관이 부상의 위험 없이 공권력을 집행하기 위해서 효과적인 물리력 사용을 통한 범인의 신속한 제압이 요구됩니다.

그럼에도 불구하고, 경찰의 과도한 물리력 사용은 피체포자의 부상 및 인권 침해에 대한 우려와 비난으로 이어질 수 있기 때문에 현장 경찰관의 고민과 주저함이 있을 수 있습니다. 최선은 범죄자의 제압과 위험의 해소를 위해 가장 적정한 수준의 물리력을 사용하는 것인데 체포술은 이에 대한 가장 효과적인 대안이라고 할 수 있습니다.

체포술은 체포자 및 피체포자의 인권과 안전을 지키면서 효과적으로 상대방을 제압, 체포할 수 있도록 유도, 합기도, 주짓수 등 다양한 무도로부터 체포상황에 필요한 요소들을 적용시킨 기술입니다. 본 교재에서는 경찰체포 상황에 최적화된 체포술을 엄선하여 수록하였으며, 지렛대의 원리, 원운동의 원리, 관성, 작용과 반작용의 원리 등 운동역학과 과학적 원리를 통하여 이러한 기술들을 설명하였습니다.

그럼에도 불구하고 현장의 긴급성, 돌발성을 생각할 때 이러한 동작들을 머리로 이해하고 기억하는 것만으로는 부족합니다. 위기상황에서 기억을 떠올리며 동작을 수행하는 것은 생각만큼 쉽지 않기 때문입니다. 따라서 어떤 위기상황에든 자연스럽게 신체가 반응할 수 있을 때까지 반복적인 연습을 통해 각 동작들을 몸에 익힐 필요가 있습니다.

본 교재는 경찰업무 현장과 가장 밀접한 체포술을 엄선하여 수록하고 있고, 경찰교육 훈련 등 다양한 분야에서 활용될 것입니다. 본 교재를 활용하여 체포술을 꾸준히 수련해 나간다면 현장대응 능력은 점진적으로 향상될 것이며, 현장에서의 활용경험이 쌓이면서 위기상황에서도 당황하지 않고 대응할 수 있게 될 것입니다.

우리는 본 교재가 예비경찰관뿐만 아니라 경찰관, 경호원, 경비업 종사자, 체포술 지도자 등 체포술을 교육받고 교육하는 사람들에게 효과적으로 활용될 수 있을 것이라 생각합니다. 그러나 여기에 안주하지 않고 앞으로도 지속적인 검증과 연구개발을 통해 현장의 경험을 반영하고 효과적인 기술을 개발하여 추가할 것입니다. 시민의 보호와 정의사회 구현을 위해 현장에서 애쓰는 모든 이들이 안전하고 효과적으로 위험상황을 해결하는데 있어 이 교재가 당당하고 든든한 조력자가 되기를 기대합니다.

2023년 8월

정훈, 민새롬, 정현수 공저

목 차

부 록

참고문헌

Ⅰ. 체포술 기초

제1장 체포술의 의의

체포술은 국민과 경찰관의 생명 및 신체를 보호하고 인권을 보장하며 법집행의 정당성을 확보하는데 그 목적이 있으며, 넓은 의미에 있어서는 범죄의 예방과 제지, 범인 체포 또는 도주 방지, 자신이나 다른 사람의 생명·신체 방어 및 보호, 공무집행에 대한 항거 제지 등 경찰목적을 달성하기 위해 대상자에 대해 행해지는 일체의 신체적, 도구적 접촉(경찰관의 현장임장, 언어적 통제 등 직접적인 신체 접촉 전(前) 단계의 행위들도 포함)을 말한다.

본 교재에서는 현장에서 발생할 수 있는 위험한 상황을 가정하여 범인이나 피의자로부터 공격을 받거나 제압, 체포하는 등의 목적을 달성하기 위해 신체 또는 보호장구 등을 이용하여 안전하고 효과적으로 제압, 체포하는 기술적인 방법에 대해 다루고자 한다.

제2장 체포술의 적용원리

1. 체포술 사용의 원칙

1) 합리적인 판단

체포자는 자신이 처한 상황에 비추어 합리적인 관점에서 적절한 물리력을 사용해야 하며, 범죄의 종류, 피해의 경중, 급박성, 상대방의 저항 정도, 상대의 수, 흉기 소지 여부, 음주 및 약물복용 여부, 건강상태, 도주 여부 등을 종합적으로 판단해야 한다.

2) 자신감 있는 행동

체포술 사용 시 주춤하거나 방심, 자신감 없는 행동은 절대 금물이며 순간적인 방심이나 상대에 대한 동정심 등으로 빈틈을 보인다면 오히려 큰 피해를 입을 수 있기 때문에 평소 체포술을 꾸준히 수련하여 현장에서 적극적인 자세로 과감하고 자신감 있게 기술을 적용할 수 있어야 한다.

3) 안전한 제압

시민의 생명 · 신체를 보호하고 인권을 존중하는 것은 중요한 임무이다. 현장에서 불가피하게 제압 · 체포해야 하는 상황이라면 보다 덜 위험한 물리력을 사용하여 상대에게 주는 타격과 충격을 최소한도로 하고 체포자 스스로도 안전하게 목적을 달성할 수 있도록 노력하여야 한다.

2. 체포술의 원리

1) 교 란

현장 상황은 예측불가하고 돌발적이기 때문에 정형적인 기술을 사용해서는 상대를 제압하기 어렵다. 기술을 들어가기 전(앞) 전교란하여 상대의 빈틈을 만들어 대처하는 것이 효과적이다.

2) 중 심

체포술의 기본은 자신의 중심을 유지하면서도 상대의 중심을 무너뜨리는 것이다. 상대를 밀고 당기며 이동시키거나 오른발 또는 왼발을 축으로 회전하는 등 상대의 중심을 무너뜨려 허점을 만들고 지면으로 유도하면 제압하는데 효과적이다.

3) 원심력

상대가 밀면 돌고, 당기면 돌면서 들어가는 등 신체를 회전하여 상대의 공격방향을 우회시키거나 중심을 무너뜨리고 공격력을 감소하는 원리이다.

4) 지렛대의 원리

지렛대에서 물체를 들어 올릴 때 중심으로부터 거리가 멀수록 힘이 덜 든다. 사람의 신체구조를 파악하고 상황에 따라 신체 구조에 지렛대의 원리를 적절히 활용한다면 상대를 움직이지 못하게 하거나 통증을 유발하여 원하는 방향으로 유도하기 용이하여 효과적으로 제압가능하다.

5) 힘의 이용

모든 작용에는 같은 크기의 정반대 작용이 있다. 가령 상대를 밀게 될 경우 밀리지 않으려고 하는 반작용의 힘이 생기는데, 그 힘에 저항하지 않고 오히려 순응하거나 그 힘을 이용한다면 적은 힘으로도 용이하게 상대를 제압할 수 있게 된다.

제3장 낙 법

낙법은 머리, 안면부, 가슴 등 신체 중요부위를 보호하기 위해 반드시 필요한 기술이며, 체포술을 수련하기에 앞서 낙법을 숙달하여, 체포술 실습 시 부상을 방지하는 등 안전하게 훈련할 수 있는 것을 목적으로 한다.

1. 전방낙법

01

안면 가슴 부위를 보호하기 위해 양손을 가슴 앞에서 삼각형으로 모아 준비 자세를 취한다.

01-1

측면

02

손바닥과 팔이 동시에 닿도록 지면을 치면서, 안면 부위를 보호하기 위해 순간적으로 고개를 옆으로 돌린다.

02-1

측 면

03

무릎을 완전히 펴주어 전방낙법 자세를 완전히 취한다.

03-1
측 면

1-1. 전방낙법 응용

01
앞에서 강한 공격을 하여 넘어지게 될 경우

02
전방낙법을 응용하여 부상을 예방한다.

03
측 면

2. 후방낙법

1) 기초훈련 1

01
엉덩이를 지면에 붙인 상태에서 준비한다.

02

뒤로 넘어지면서 양손으로 지면을 치고, 머리를 들어 부상을 방지한다.

2) 기초훈련 2

01

후방낙법 기초훈련1이 숙달되면, 앉은 자세로 준비한다.

02

양 손바닥과 팔로 지면을 동시에 치며 양 무릎을 뻗어 머리와 허리를 보호한다.

2-1. 후방낙법 응용

01

후방낙법 응용동작 준비

02

뒤에서 강한 공격을 하여 넘어지게 될 경우

03

후방낙법을 하여 부상을 예방한다.

3. 측방낙법

01 우 측방낙법

쪼그려 앉은 자세에서 준비한다.

02 우 측방낙법

우측발을 빗겨 디디며 앉은 자세를 만든다.

03 우 측방낙법

측면으로 넘어지면서 우측 다리는 거의 펴준 상태, 좌측 무릎은 세운 상태, 우측 팔은 손바닥이 아래로 가도록 쳐주며 좌측 손은 몸통을 감싸 보호한다.

04 좌 측방낙법

쪼그려 앉은 자세에서 준비한다.

05 좌 측방낙법

좌측발을 빗겨 디디며 앉은 자세를 만든다.

06

측면으로 넘어지면서 좌측 다리는 거의 펴준 상태, 우측 무릎은 세운 상태, 우측 팔은 손바닥이 아래로 가도록 쳐주며 우측 손은 몸통을 감싸 보호한다.

※ 팔과 다리를 높이 올려 몸과 함께 지면에 동시에 내려칠 수 있도록 반복적으로 연습한다.

3-1. 측방낙법 응용

01

옆에서 강한 공격을 하여 넘어지게 될 경우

02

측방낙법을 통해 부상을 예방한다.

4. 회전낙법

01

한쪽 무릎을 꿇은 자세에서 앞구르기 동작으로 몸을 보호하는 자세로 준비한다.

02

한쪽 손과 팔로 지면을 짚고 반대쪽 팔을 살짝 구부린다.

03

한쪽 팔 전체가 지면에 닿도록 앞으로 구르며 측방낙법 자세를 만들어 몸을 보호한다.

4-1. 회전낙법 응용

01
뒤에서 강한 공격을 하여 넘어지는 경우

02
회전낙법을 하여 충격을 최소화 한다.

03
완성 동작

Ⅱ. 체포술

제1장 기술 구성

기술구성표

<table>
<tr><th>구 분</th><th colspan="2">내 용</th><th>비고</th></tr>
<tr><td rowspan="3">기본대응</td><td colspan="2">자 세</td><td rowspan="3"></td></tr>
<tr><td colspan="2">거 리</td></tr>
<tr><td colspan="2">위 치</td></tr>
<tr><td rowspan="17">체포술</td><td rowspan="3">측면대응</td><td>팔걸어 누르기</td><td rowspan="17"></td></tr>
<tr><td>손목잡아 누르기</td></tr>
<tr><td>허리밀어 목당기기</td></tr>
<tr><td rowspan="8">정면대응</td><td>쳐내기</td></tr>
<tr><td>팔걸어 당기기</td></tr>
<tr><td>턱밀어 넘기기</td></tr>
<tr><td>목감아 누르기</td></tr>
<tr><td>목얽어 누르기</td></tr>
<tr><td>허리잡아 넘기기</td></tr>
<tr><td>목감아 넘기기</td></tr>
<tr><td>다리잡아 넘기기</td></tr>
<tr><td rowspan="5">후면대응</td><td>턱당겨 넘기기</td></tr>
<tr><td>양팔걸어 넘기기</td></tr>
<tr><td>몸통잡아 넘기기</td></tr>
<tr><td>오금 차넣기</td></tr>
<tr><td>허리당겨 발목받쳐 넘기기</td></tr>
<tr><td rowspan="3">무기 및
장구활용</td><td colspan="2">수 갑</td><td rowspan="3"></td></tr>
<tr><td colspan="2">삼단봉</td></tr>
<tr><td colspan="2">테이저건</td></tr>
</table>

제2장 기본 대응

1. 자 세

01

준 비

02

신속한 이동이 가능하도록 다리를 앞뒤로 벌린다

03
얼굴과 가슴사이에 가볍게 손바닥을 펼쳐 방어가 용이한 자세를 잡는다

2. 거 리

1) 흉기대응 거리

대상자로부터 흉기소지 여부가 확인되지 않은 경우 대상자가 갑작스럽게 공격할 수 있으므로 충분한 거리를 확보하여 안전에 유의한다.

(1) 테이저건 사용

01
흉기소지 여부가 확인되지 않은 경우 테이저건에 손을 위치한다.

02

대상자가 흉기 등을 소지한 것이 확인된 경우 테이저건을 꺼내어 대응한다.

(2) 삼단봉대응 거리

01

흉기소지 여부가 확인되지 않은 경우 삼단봉을 신속히 준비할 수 있도록 손을 위치한다.

02

대상자가 공격적인 언동을 보이는 경우 자세를 낮추어 공격에 대비한다.

03

대상자가 흉기 등을 소지한 것이 확인된 경우 삼단봉을 꺼내어 즉시 공격할 수 있는 자세로 대응한다.

2) 신체대응 거리

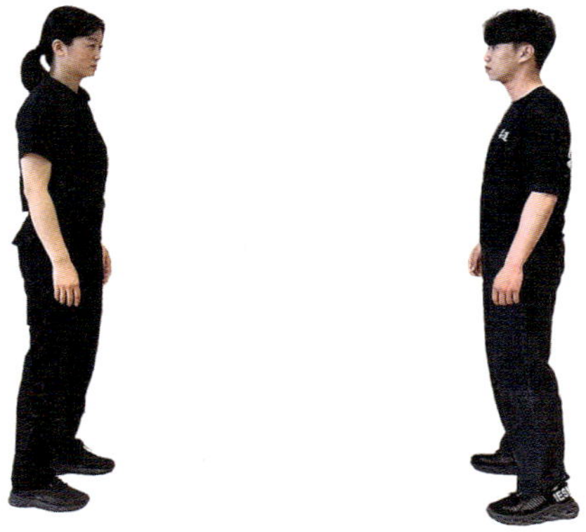

01

준 비

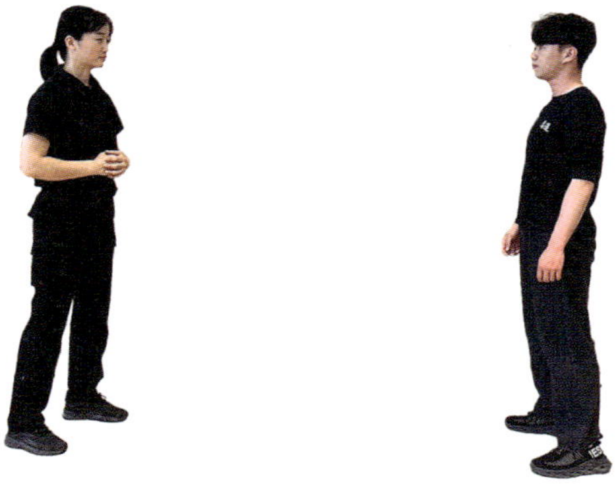

02

대상자가 가까이 다가올 경우 방어, 공격 등 즉각적으로 대응할 수 있도록 손의 위치는 허리 이상을 유지한다.

03

대상자가 폭력적인 언동을 보이는 경우 준비 자세를 취하여 피습에 대비한다.

3. 위 치

1) 기본 위치(유리한 위치)

대상자의 시선을 분산 또는 교란시킬 수 있고 체포자에게 있어 방어와 제압이 용이한 곳이 유리한 위치라고 할 수 있다.

01

정면

02
측면

03
정 · 측면

04
후면

05
측 · 후면

2) 위치 선정 (체포자가 다수인 경우)

(1) V 대형

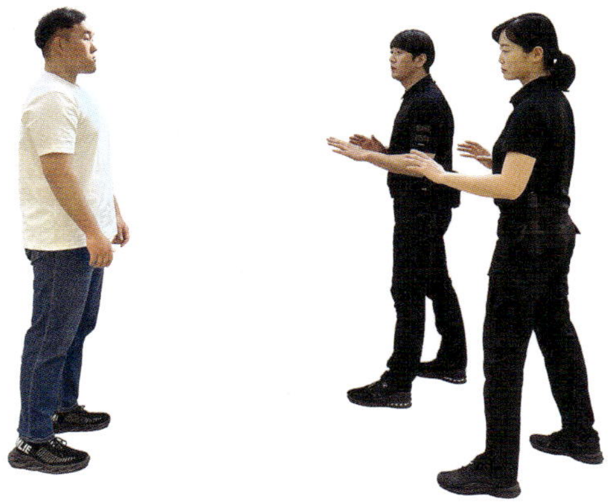

01
준 비

02

체포자는 대상자를 중심으로 양쪽 45도로 위치한다.

03

대상자가 흉기를 소지한 것이 확인된 경우

04

장구나 무기를 사용하여 대응한다.

(2) L 대형

01

준 비

02

체포자는 대상자를 중심으로 정면 및 측면에 위치한다.

03

대상자가 흉기를 소지한 것이 확인된 경우

04

장구나 무기를 사용하여 대응한다.

(3) I 대형

01

준 비

02

체포자는 대상자를 중심으로 정면 및 후면에 위치한다.

03

대상자가 흉기를 소지한 것이 확인된 경우

04

장구나 무기를 사용하여 대응한다.
단, 총기 사용에는 취약한 대형이니 유의한다.

제3장 체포술

1. 측면대응

대상자를 연행하는 과정에서 팔을 잡은 상태에서 대상자의 행동과 반응에 따라 그 힘에 순응하고 상대방의 힘을 이용하여 대응하는 방법이다.

1) (대상자가 팔을 앞으로 뿌리칠 때) 팔걸어 누르기

01
준 비

02
대상자가 팔을 앞으로 뿌리치는 경우

03
팔을 걸어 몸을 밀착한다.

04
몸을 밀착한 상태로 누른다,

05
계속 진행하여 대상자를 지면으로 유도한다.

06

대상자의 손목을 당기고 어깨를 누른다.

07

수갑을 채운다.

2) (대상자가 팔을 뒤 또는 위로 뿌리칠 때) 손목잡고 누르기

01

준 비

02

대상자가 뒤 또는 위로 팔을 뿌리치는 경우

03

대상자의 힘에 순응하여 뒤로 이동하며 양 손으로 대상자의 손목을 잡는다.

04

지면으로 눌러준다.

05

계속 진행하여 대상자를 완전히 넘어뜨린다,

06

무릎으로 대상자의 팔을 누르며 수갑을 채운다.

07

대상자의 팔로 목을 감는다.

08
대상자의 몸을 밀어 굴려주어 엎어뜨린다.

09
등에 올라탄다.

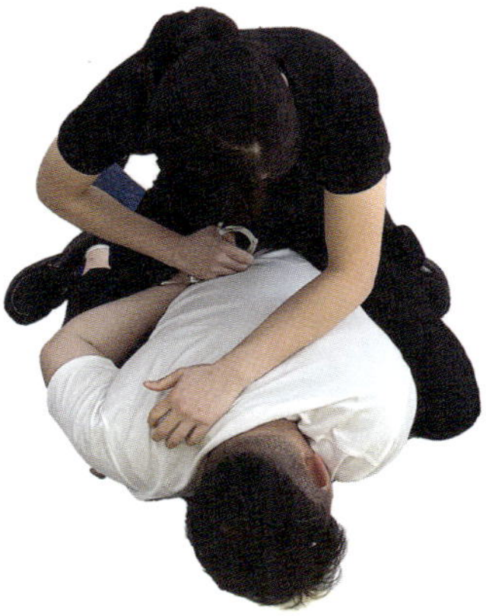

10
대상자의 한쪽 손목을 완전히 제압한다.

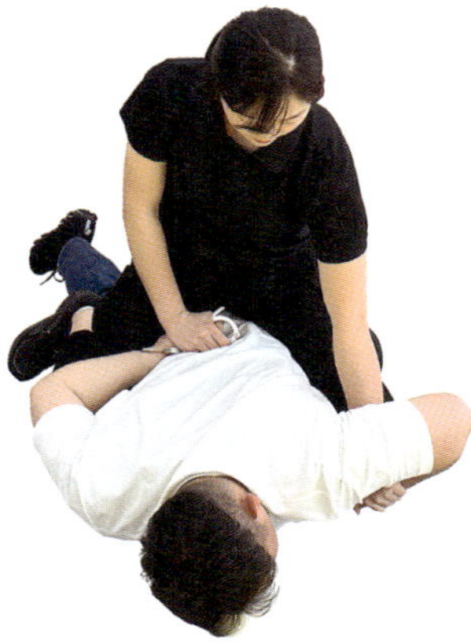

11
반대쪽 손목을 잡는다.

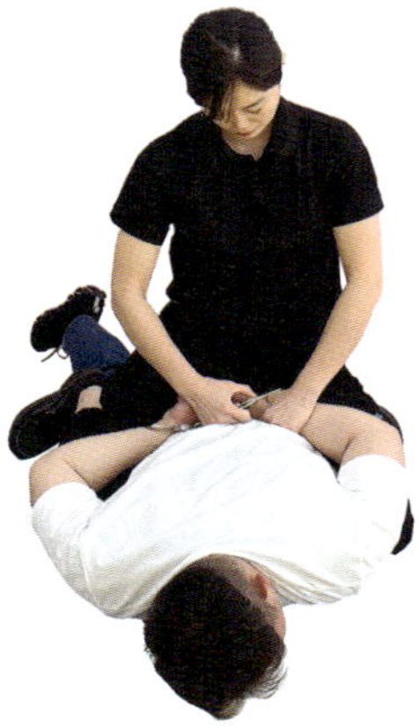

12
반대손에 수갑을 채워 완전히 제압한다.

3) (팔에 힘을 주거나 반대 팔로 공격할 때) 허리밀고 목당기기

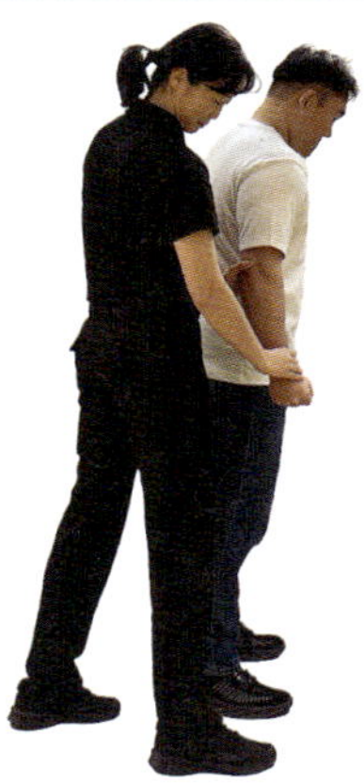

01
준 비

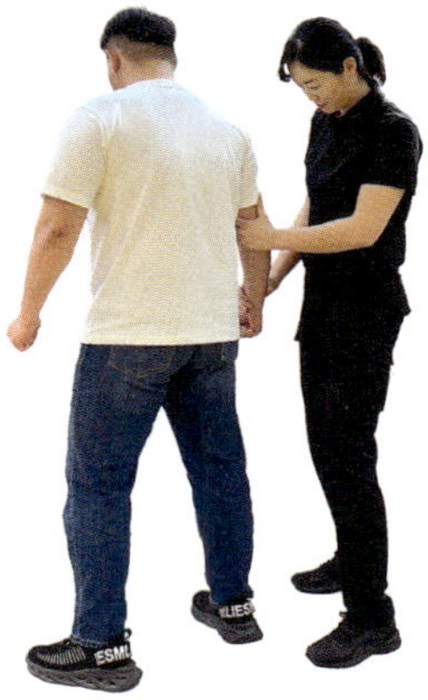

02

대상자가 팔에 힘을 주거나 반대팔로 공격하는 경우

03

대상자의 목을 감으며 후면에 위치한다.

04

목을 감은 상태로 대상자의 허리를 밀어준다.

05

계속 진행하여 대상자의 중심을 무너뜨린다.

06

발을 뒤로 빼며 대상자를 지면으로 유도한다.

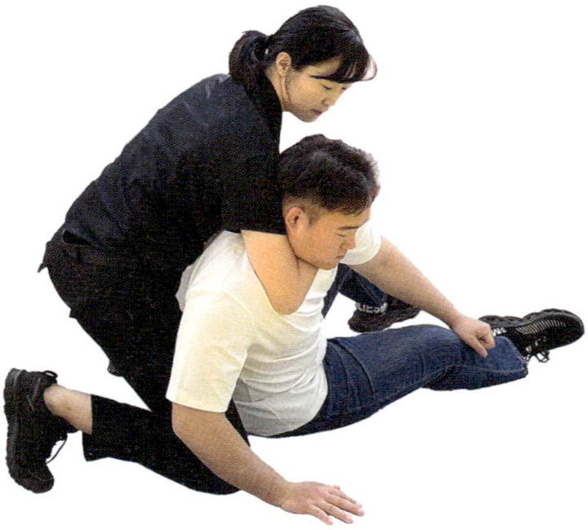

07

몸통으로 대상자를 밀어 엎어뜨린다.

08

계속 진행한다.

09

그대로 등에 올라타 수갑을 채운다.

2. 정면대응

체포나 연행과정에서 대상자로부터 정면에서 공격을 받을 경우 막거나 그 힘을 우회시킨 후 자신의 신체를 이용하여 대응하는 방법이다.

1) 쳐내기

01

준비

02

대상자가 미는 등 직선으로 공격할 때

03

대상자의 손등을 쳐낸다.

04

양손으로 대상자를 민다.

05

거리를 벌려 대응한다.

2) 팔걸어 당기기

01
준 비

02
대상자가 손을 휘두르며 공격하는 경우 안에서 바깥으로 대상자의 팔을 막아 잡는다.

03
반대손으로 대상자의 팔꿈치 윗 부위를 감아 잡는다.

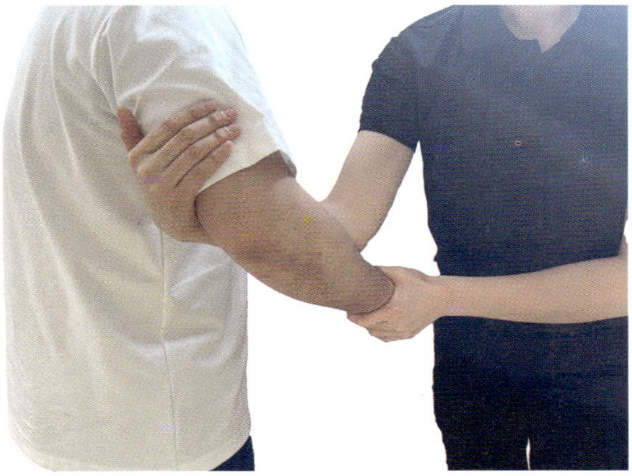

03-1

확 대

04

그대로 회전하며 당겨온다.

05

대상자의 몸이 측면으로 돌아갔을 때 대상자를 밀어준다.

06
거리를 벌려 대응한다.

3) 턱밀어 넘기기

01
대상자가 근접하여 잡는 등 공격하는 경우

02
대상자의 턱에 손바닥을 댄다.

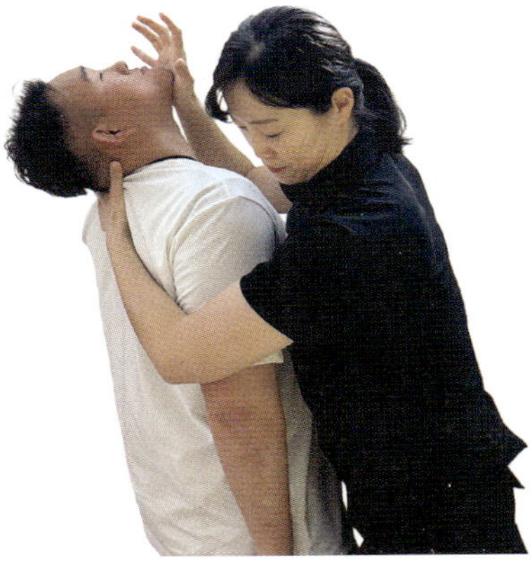

02-1

확 대

03

그대로 턱을 밀어 젖힌다.

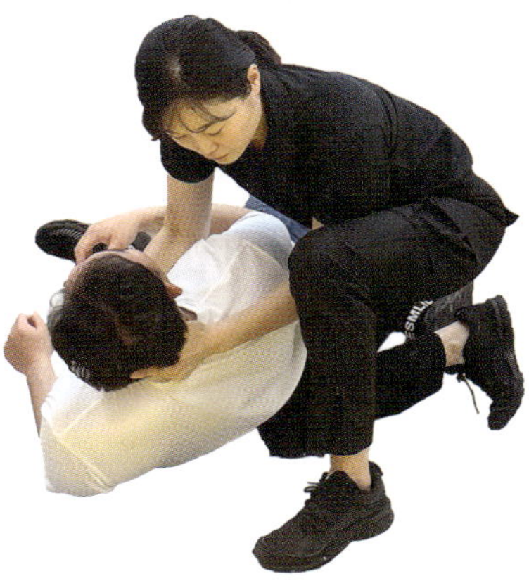

04

계속 진행하여 대상자를 지면으로 유도한다.

05
대상자가 넘어지면 올라타 완전히 제압한다.

4) 목감아 넘기기

01
준 비

02
대상자가 손을 휘두르며 공격하는 경우

03

그대로 팔을 안으며 대상자에게 접근하여 목을 감는다.

04

대상자가 손을 휘두르는 방향대로 뒤로 회전하며 중심을 낮춘다.

05

계속 진행하여 대상자의 중심을 무너뜨린다.

06

무릎을 꿇어 지면으로 완전히 유도한다.

07

완전히 제압하여 수갑을 채운다.

5) 목감아 누르기

01

준 비

02
대상자가 달려들며 공격하는 경우

03
대상자의 목을 위에서 아래로 감아잡는다.

04
그대로 뒤로 이동하여 대상자의 중심을 무너뜨린다.

05

대상자를 지면으로 유도한다.

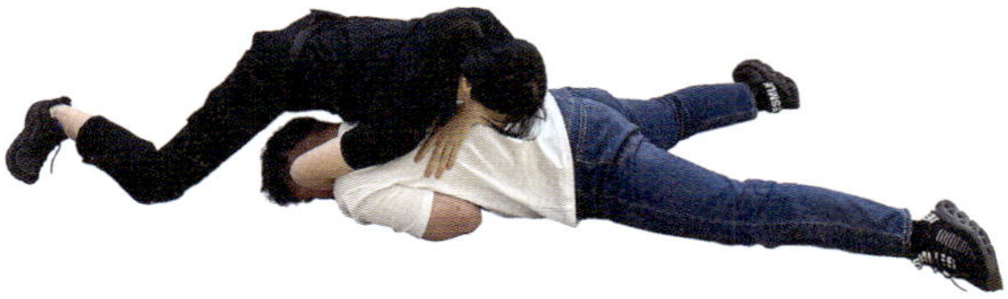

06

머리방향에서 대상자의 목을 제압한다.

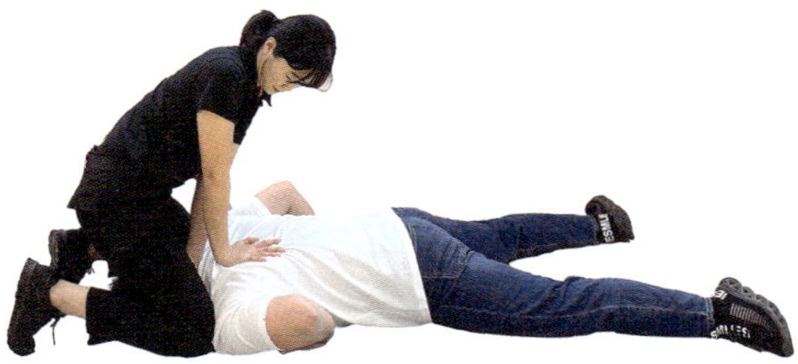

07

수갑을 채워 완전히 제압한다.

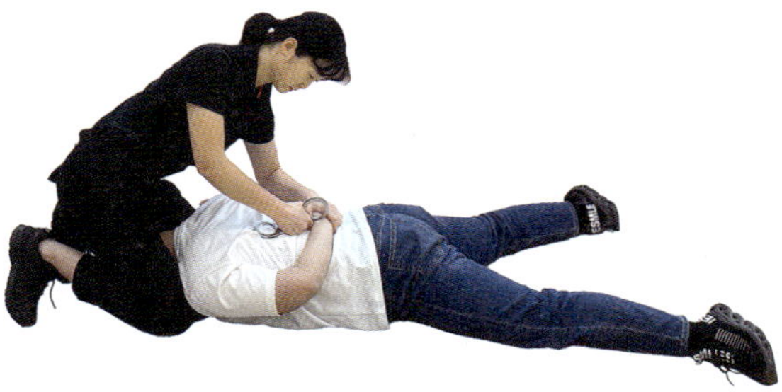

6) 목 얽어 누르기

01
준 비

02
대상자가 손을 휘두르며 공격하는 경우 양손으로 팔과 목을 동시에 막는다.

03
대상자의 목을 밀면서 눌러주고 팔은 걸어 잡는다.

04

양손으로 팔을 감싸 잡는다.

05

손목을 잡은 상태로 무릎으로 대상자의 목을 누른다.

06

무릎으로 머리를 완전히 눌러 압박한다,

07

한쪽 손목에 수갑을 신속하게 채운다.

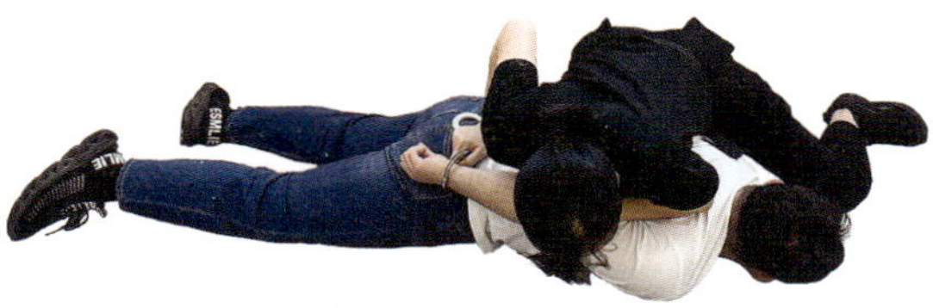

08

그대로 대상자의 등을 밀어 엎어뜨린다.

09

그대로 올라탄다.

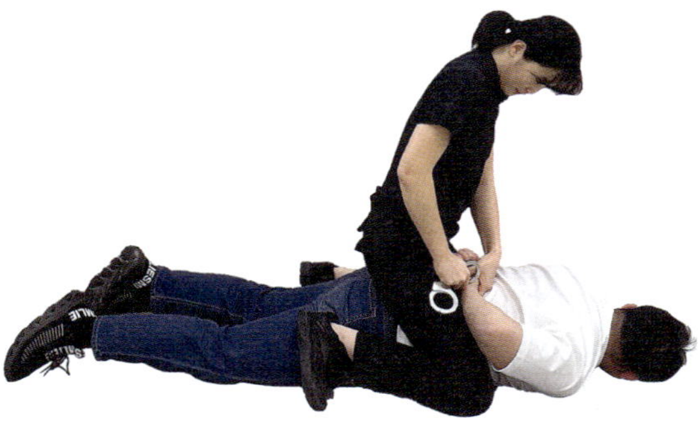

10
양 손목에 수갑을 채우며 완전히 제압한다.

7) 허리잡아 넘기기

01
준 비

02
대상자가 손을 휘두르며 공격하는 경우

03

안면부위를 막으며 대상자에게 접근하여 밀착한다.

※ 밀착하는 경우 대상자의 공격력을 더욱 감소시킬 수 있다.

04

대상자의 허리를 안고 밀착한다.

05

대상자의 허리를 안아당기며 머리로 대상자의 턱과 어깨를 뒤로 밀어준다,

06
계속 진행하여 대상자의 중심을 무너뜨린다.

07
대상자를 지면으로 완전히 유도한다.

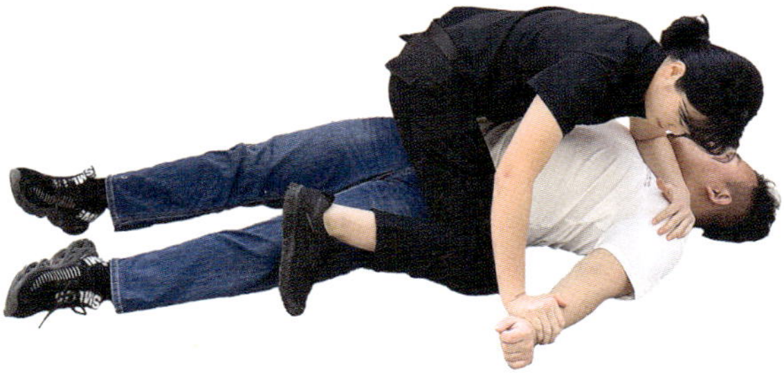

08
그대로 올라타 완전히 제압한다.

8) 다리잡아 넘기기

01
대상자가 근접하여 잡는 등 공격하는 경우

02
양손으로 대상자의 팔을 쳐올려 격리한다.

03
머리를 들고 하체를 낮추어 대상자의 오금을 잡는다.

04
완전히 밀착한다.
※ 이때 대상자가 목을 조를 수 없도록 목과 허리를 완전히 세워준다.

05
팔은 걸거나 당기면서 머리로 대상자를 밀어 측면으로 넘기며 중심을 무너뜨린다.

06
계속 진행하여 대상자를 지면으로 완전히 유도한다.

07

그대로 올라타 완전히 제압한다.

3. 후면대응

체포자는 대상자가 시선을 둘 수 없는 곳에서 대응할 수 있어 유리한 위치이며, 후면에서 대상자의 중심을 무너뜨려 지면으로 유도한 뒤 제압, 체포하는 방법이다.

1) 턱당겨 넘기기

01

준 비

02

대상자의 후면에 접근하여
양 손으로 대상자의 턱을 감싸잡는다

03

턱을 당기며 대상자의 목을 뒤로 젖힌다.

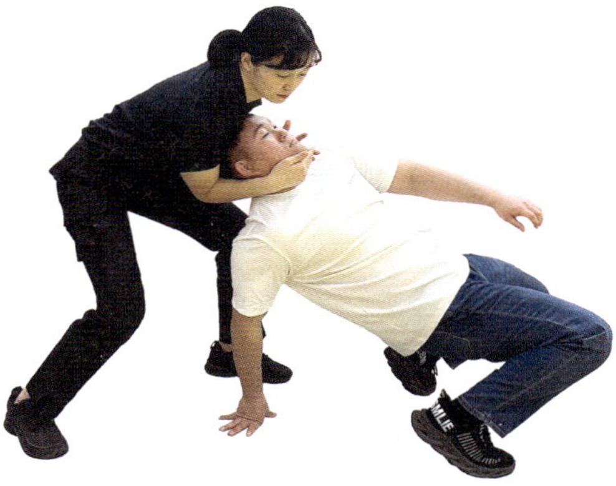

04

그대로 진행하여 대상자의 중심을 무너뜨린다.
※ 이 때 대상자의 머리를 받혀 안전하게 넘어뜨린다.

05

대상자를 완전히 넘어뜨린다,

06

대상자의 목과 어깨를 잡고 돌려 엎어뜨린다.

07

완전히 엎어뜨린다.

08
수갑을 채운다.

2) 양팔걸어 넘기기

01
준 비

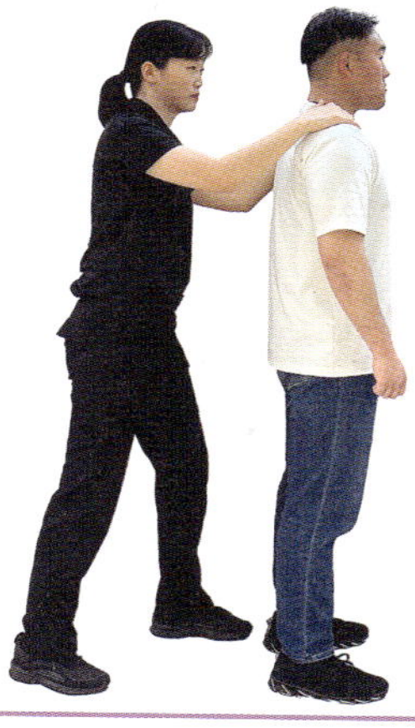

02
대상자에게 접근하여 어깨를 잡는다.

03

아래로 내리며 그대로 대상자의 양팔을 걸어 잡는다.

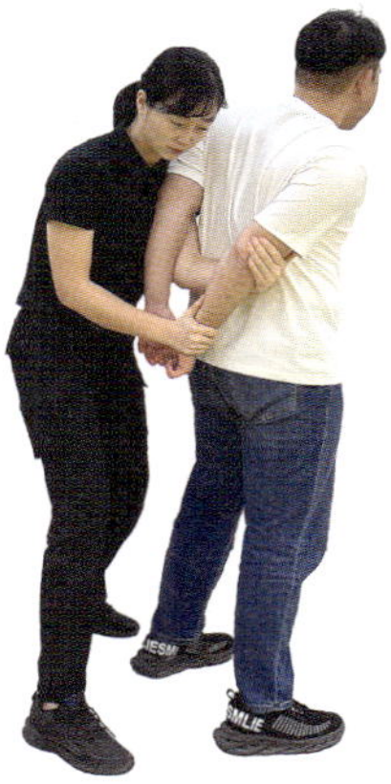

04

한 팔로 대상자의 양팔을 조여주듯 잡는다.

※ 대상자의 팔이 쉽게 풀리지 않도록 손은 팔꿈치 윗 부분에 위치할 수 있도록 한다

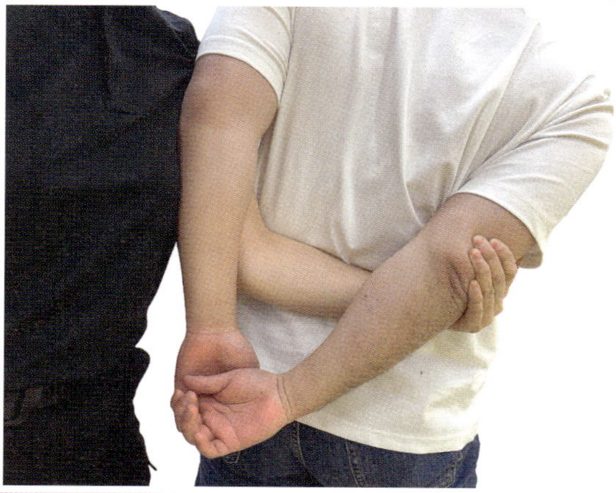

04-1

확 대

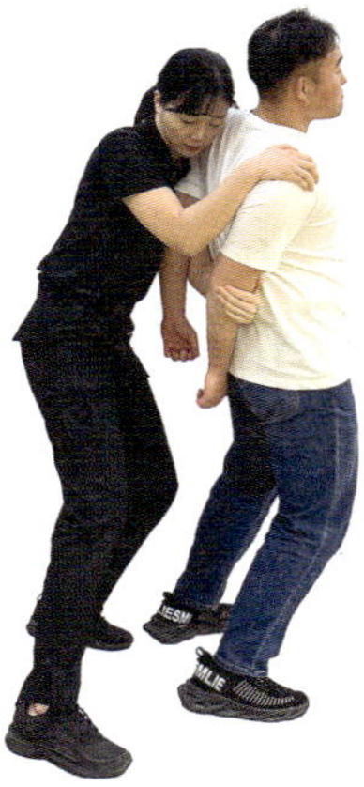

05
나머지 손으로 대상자의 어깨를 잡는다.

06
뒤로 이동하며 어깨를 잡아 당긴다.

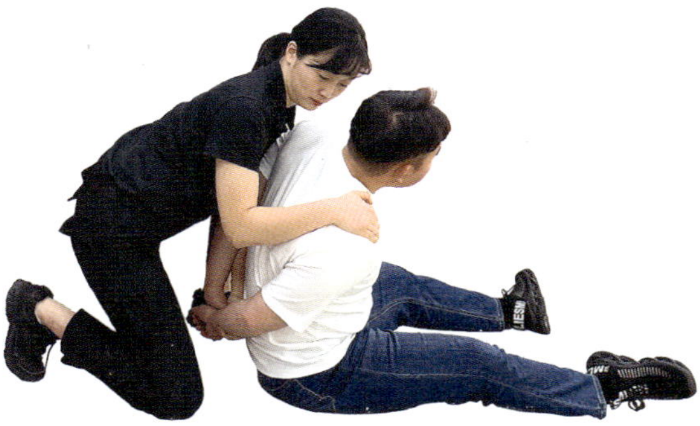

07
대상자를 지면으로 유도한다.

08

그대로 돌려 엎어뜨린다.

09

완전히 엎어뜨린다.

10

제압하여 수갑을 채운다

3) 몸통 잡아 넘기기

01
준 비

02
대상자의 몸통을 감아 안는다.

03
대상자의 측 후면에 위치한다.

04

골반으로 밀어준다.

※ 이 때 반동을 주면 효과적이다.

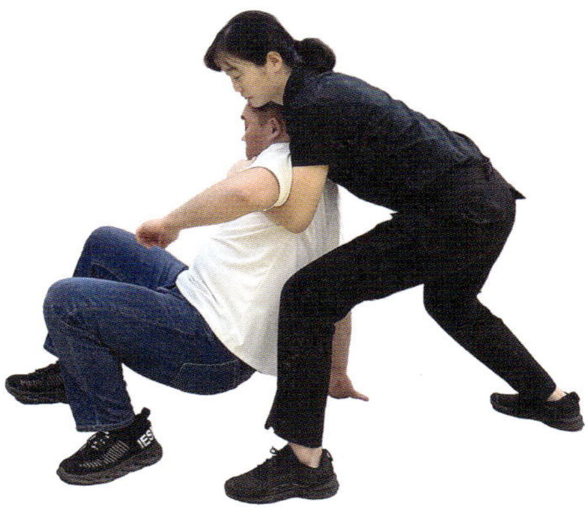

05

대상자의 중심을 무너뜨린다.

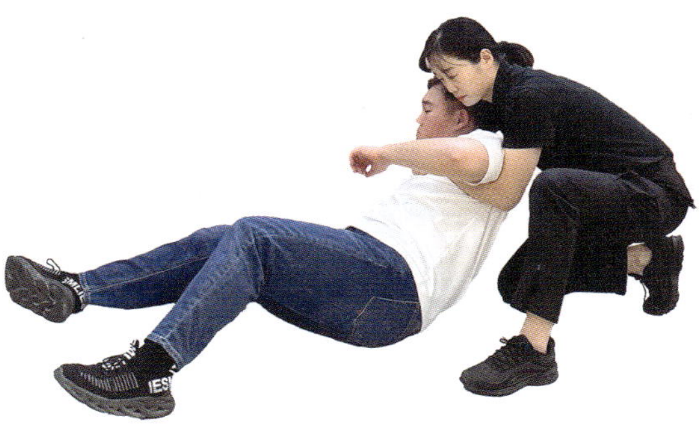

06

완전히 넘어뜨려 지면으로 유도한다.

07

그대로 돌려 엎어뜨린다.

08

한쪽 수갑을 채운다,

09

수갑을 완전히 채운다.

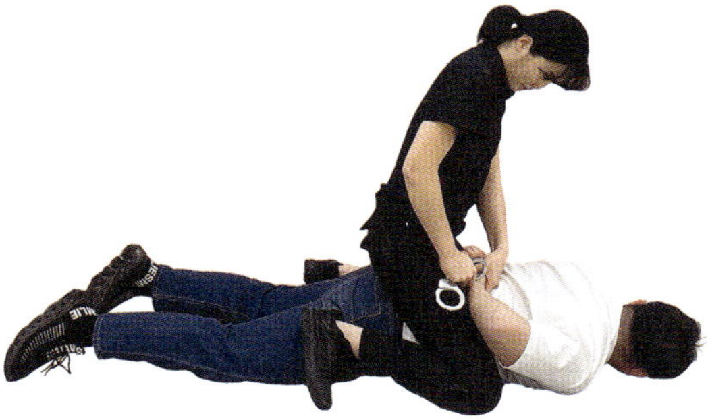

4) 오금 차넣기

01

준 비

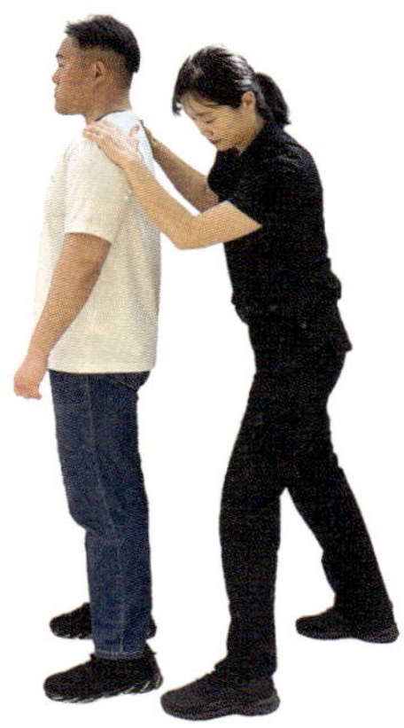

02

대상자의 양쪽 어깨를 잡는다.

03

발을 옆으로 눕혀 대상자의 오금에 위치시켜 준다.

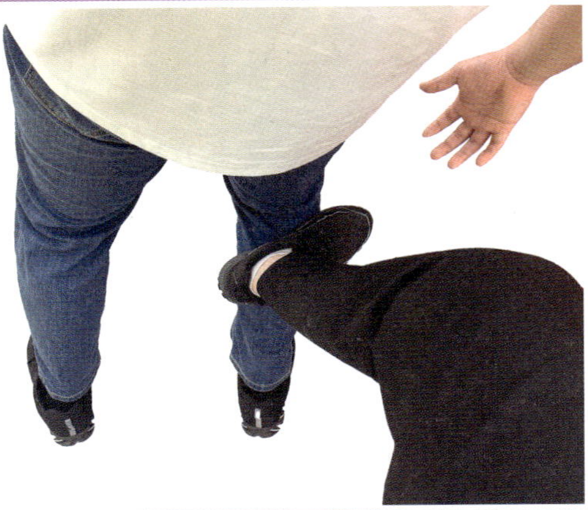

03-1

확대

04

어깨를 당기면서 발로 오금을 밀어 대상자의 중심을 무너뜨린다.

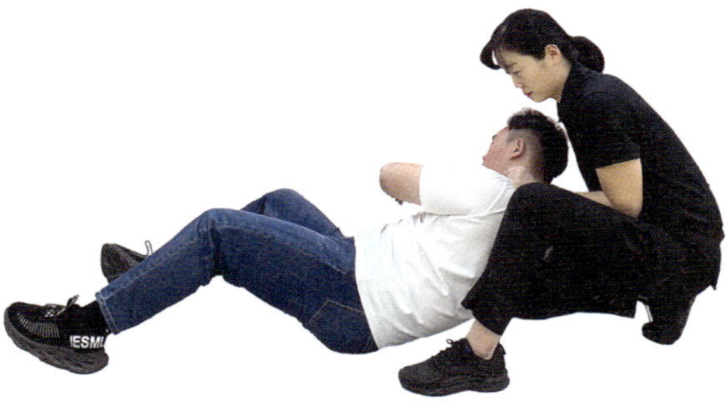

05

계속 진행하여 대상자를 완전히 넘어뜨린다.

06

그대로 돌려 엎어뜨린다.

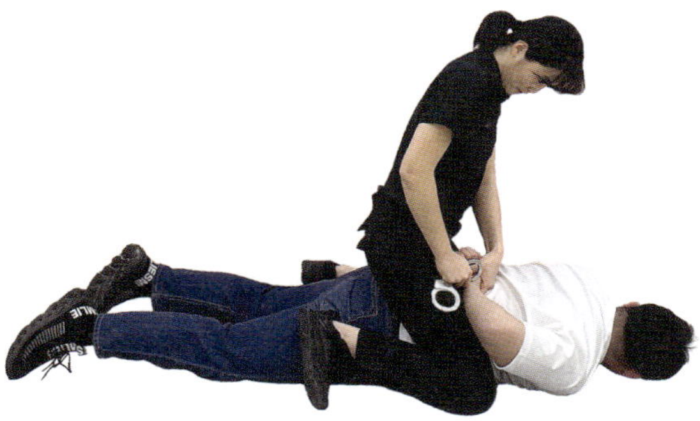

07

수갑을 채워 제압한다.

5) 허리잡고 발목 받혀 넘기기

01

준 비

02
대상자의 허리를 안는다.

03
대상자의 한쪽 발을 받혀주고 허리를 비틀어 당긴다.

04
계속 진행하여 대상자를 넘어뜨린다.

05

그대로 대상자를 엎어뜨린다.

06

대상자의 등위에 올라탄다.

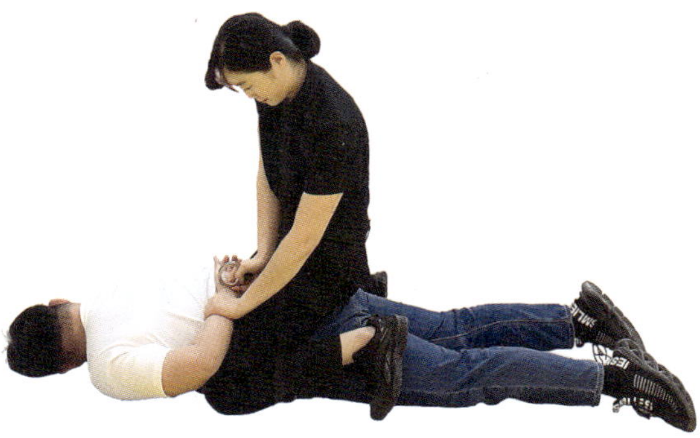

07

수갑을 채워 완전히 제압한다.

제4장 무기 및 장구활용

1. 수 갑

1) 파지법

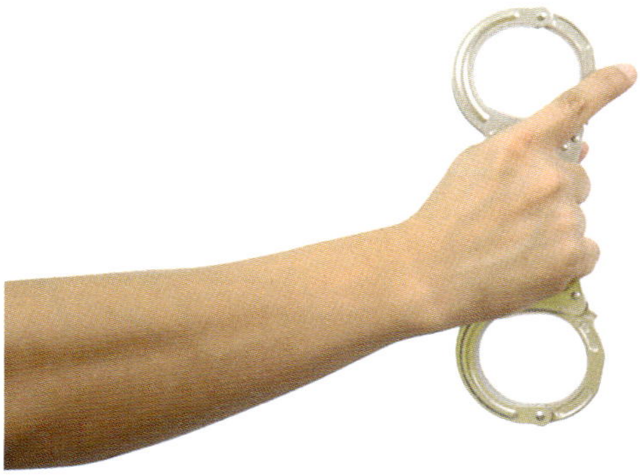

01

범죄대상자 행동이 자유롭지 못하도록 양쪽 손목에 걸쳐 채우는 방식으로 먼저 수갑 연결고리와 한 손가락을 사용해 겨눠 잡는 방법으로 수갑을 잡는다.

02

한 손가락을 빠르게 사용해 수갑을 당겨(밀어) 채우는 방식으로 수갑 사용을 할 수 있다.

03

정면에서 수갑을 채우는 방법으로 범죄대상자의 가까운 손목을 한손으로 잡고 한손은 밑에 있는 수갑을 가져다댄 후 수갑을 채운다.

04

반대편에 있는 손목을 한손으로 잡은 후 위에 있는 나머지 수갑을 밀어 넣어 채운다.

※ 대상자의 도주 및 돌발 상황에 항상 대비하여, 주의 경계를 하며 수갑을 사용해야 함.

05

범죄대상자가 저항을 하거나 도주의 우려 및 강력범죄 대상자의 행위에 따라 뒷수갑으로 연결하여 수갑고리를 잡은 후 밑에 있는 수갑을 밀어 넣어 먼저 채운다.

06

반대편에 있는 손목을 한손으로 잡은 후 위에 있는 나머지 수갑을 밀어 넣어 빠르게 채운다.

※ 대상자의 도주 및 돌발 상황에 항상 대비하여, 주의 경계를 하며 수갑을 사용해야 함.

2) 사용법

(1) 앞수갑

01

대상자의 측면에 위치한다.

※ 대상자의 정면에 위치하는 경우 피습우려가 있기 때문에 측면에서 수갑을 사용하는 것이 비교적 안전하다.

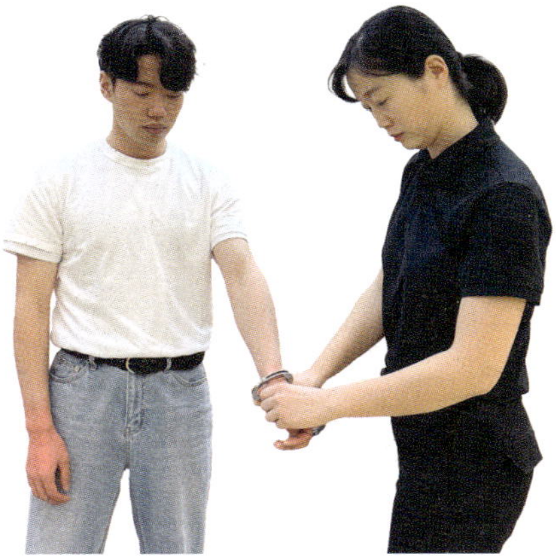

02

가까운 한쪽 손목을 잡고 수갑을 채운다.

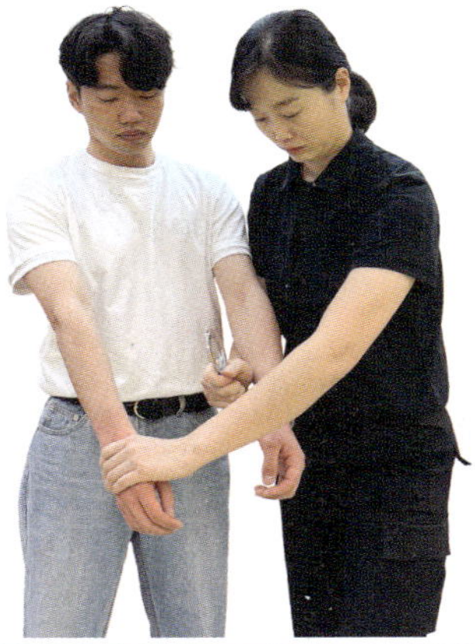

03

그 상태에서 반대방향 손목을 잡는다.

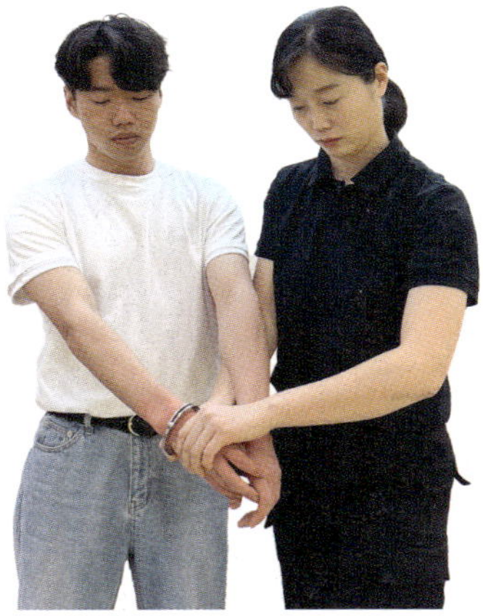

04

나머지 손목에 수갑을 채운다.

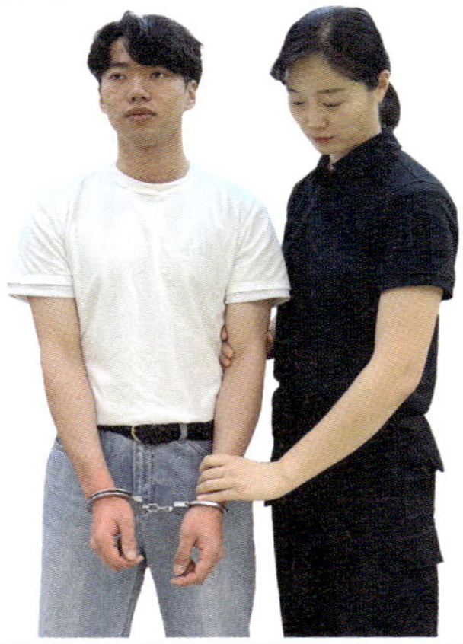

05

팔을 자연스럽게 잡고 연행한다.

(2) 뒷수갑

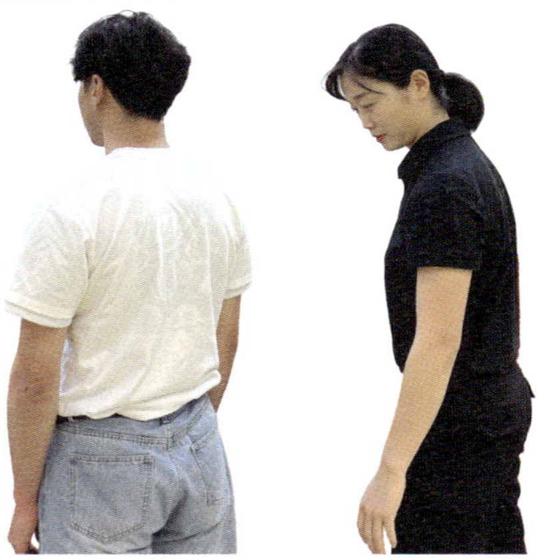

01

대상자의 측·후면에 위치한다.

02

가까운 한쪽 손목을 잡는다.

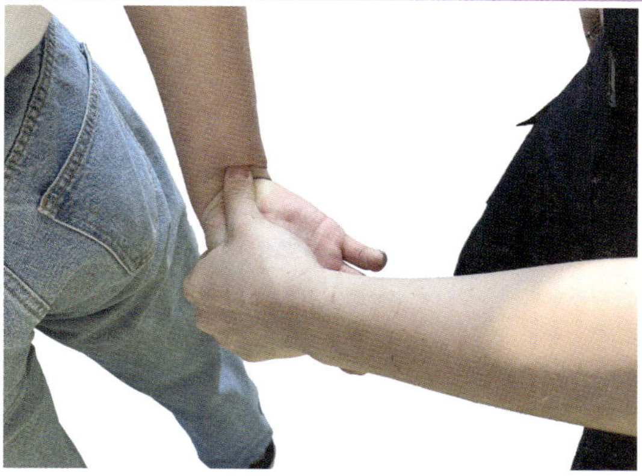

02-1

확 대

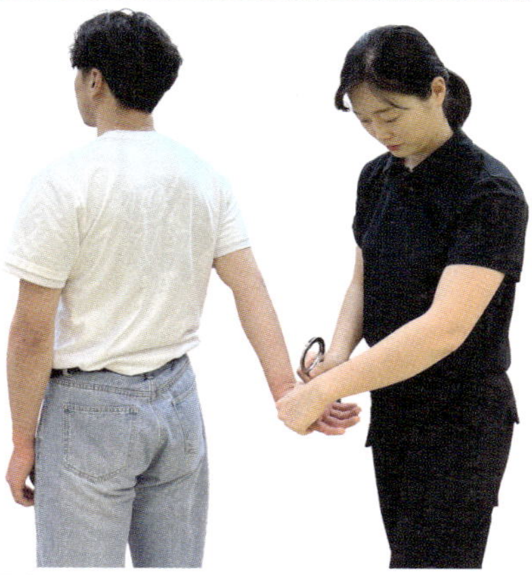

03

한쪽 손목에 수갑을 채운다.

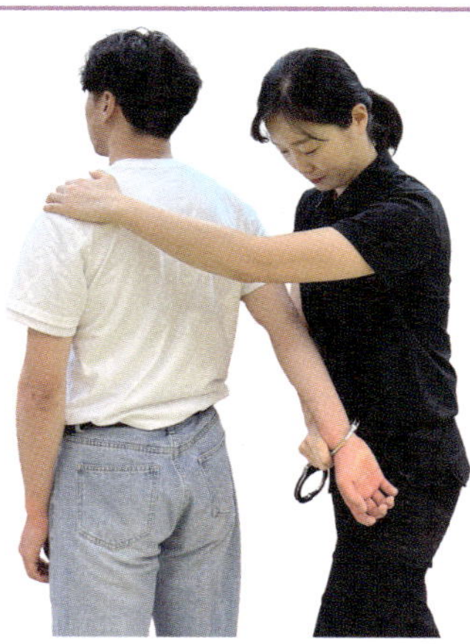

04

반대쪽 어깨를 잡는다.

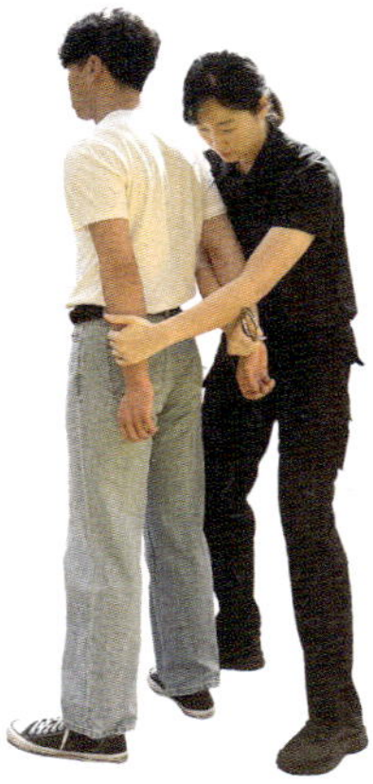

06
밀착하여 반대쪽 손목을 당겨온다.

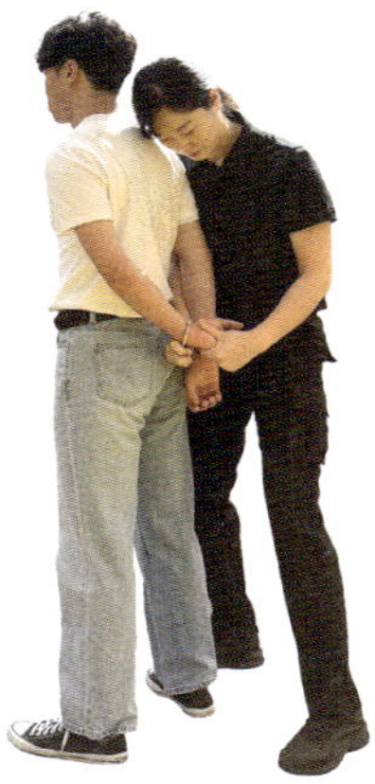

07
피습을 방지하기 위해 밀착한다.

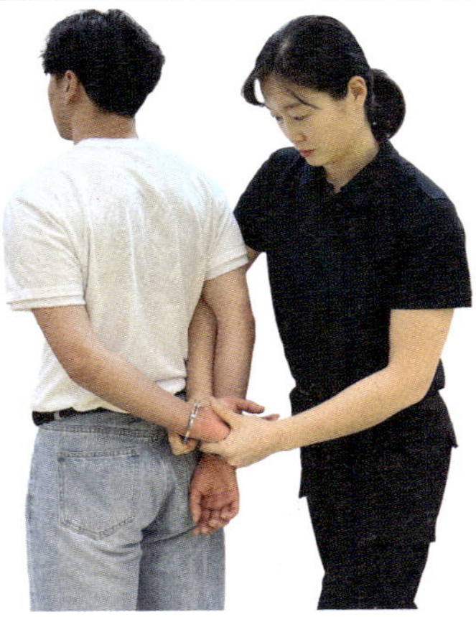

08
나머지 손목에 수갑을 채운다.

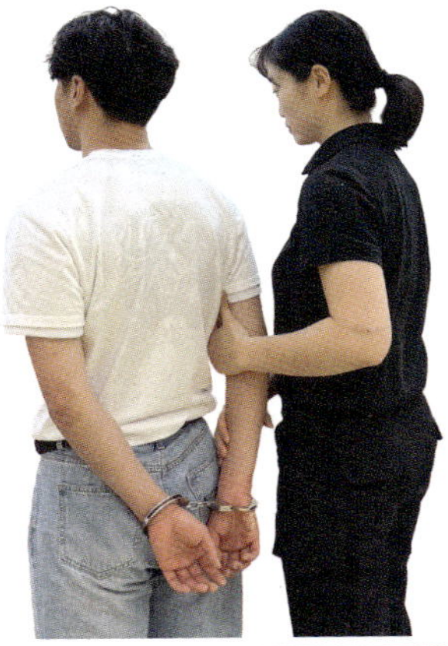

09

팔을 자연스럽게 잡고 연행한다.

3) 수갑대응

체포술을 이용하여 대상자를 넘어뜨려 지면으로 유도한 경우 압박하여 대상자의 저항과 움직임을 일시적으로 차단하여 수갑을 채우는 방법이다. 수갑을 채우기 위해 다른 동료가 지원할 수 있는 틈을 만들기 위해서는 대상자를 항거불능상태로 만드는 것이 중요하다.

(1) 등에 위치했을 때

01

준 비

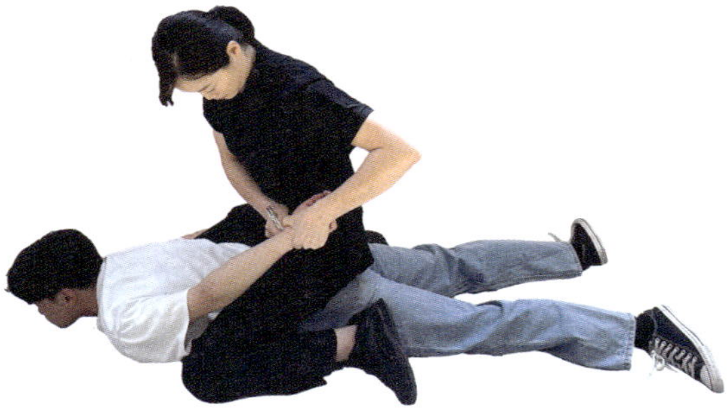

02

대상자의 한쪽 손목에 수갑을 채운다.

03

한쪽 손목을 등쪽으로 당겨온다.

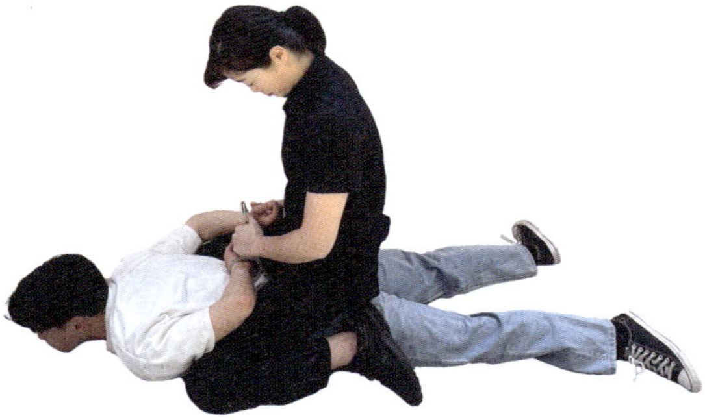

04

나머지 손목을 당겨와 수갑을 채워 완전히 제압한다.

(2) 복부에 위치했을 때

01

준 비

02

대상자의 한쪽 팔이 대상자의 목을 지나가도록 당겨준다.

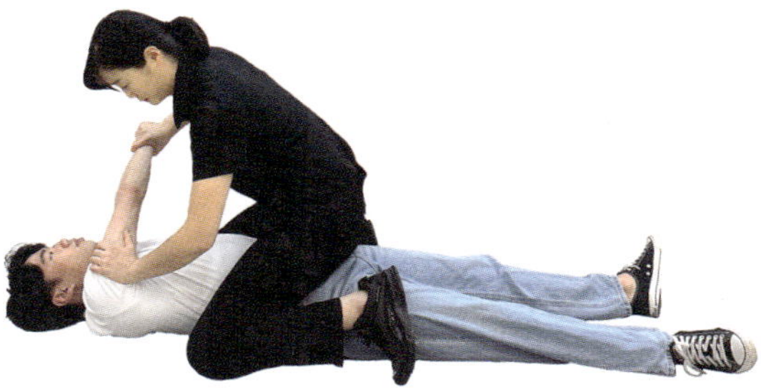

03

그대로 당겨 손목을 잡고 바닥을 향해 눌러준다.

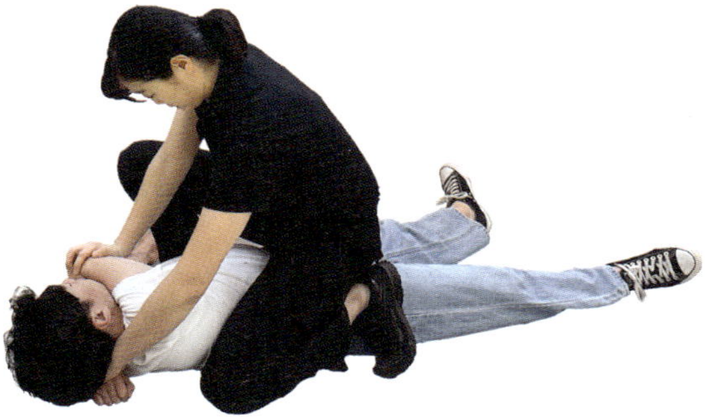

04
팔로 목을 감고 팔꿈치를 누른다.

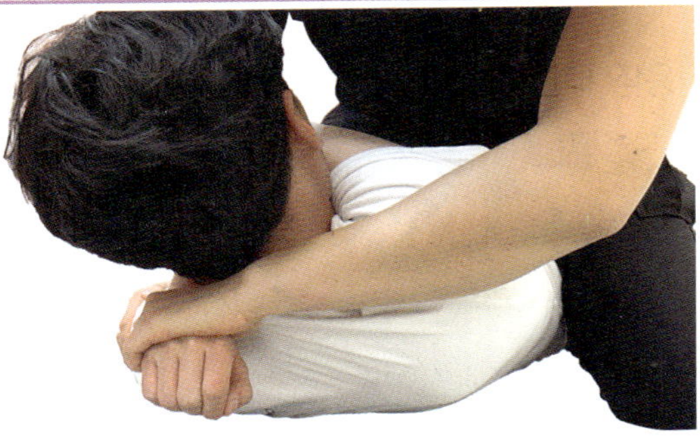

04-1
확 대

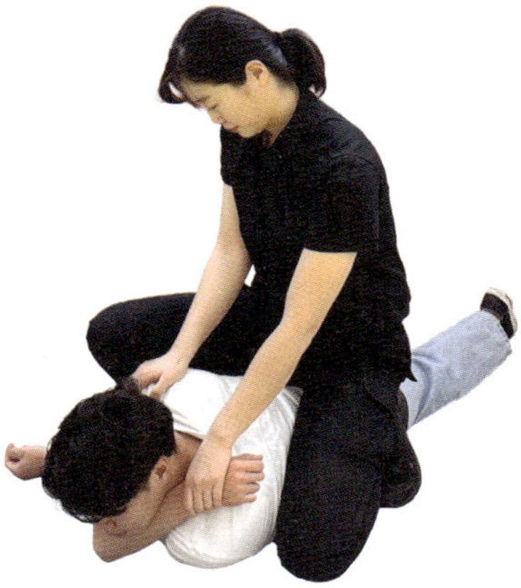

05
손목을 당기고 팔꿈치를 누르면서 무릎을 세워 대상자의 몸을 굴린다.

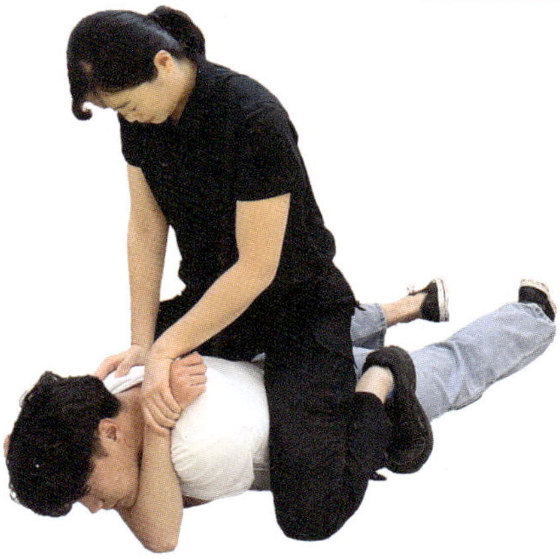

06
계속 진행하여 대상자를 엎어지도록 만든다.

07
대상자의 한쪽 손목에 수갑을 채운다.

08
수갑 또는 손목을 잡은 상태로 반대쪽으로 끌어당긴다.

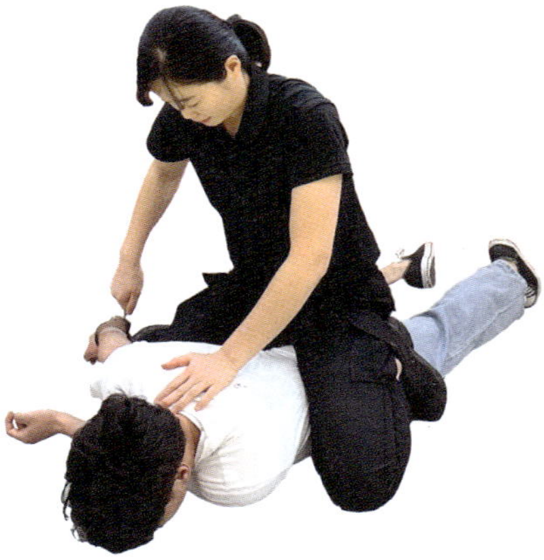

09

완전히 끌어당겨 한쪽 손목을 제압한다.

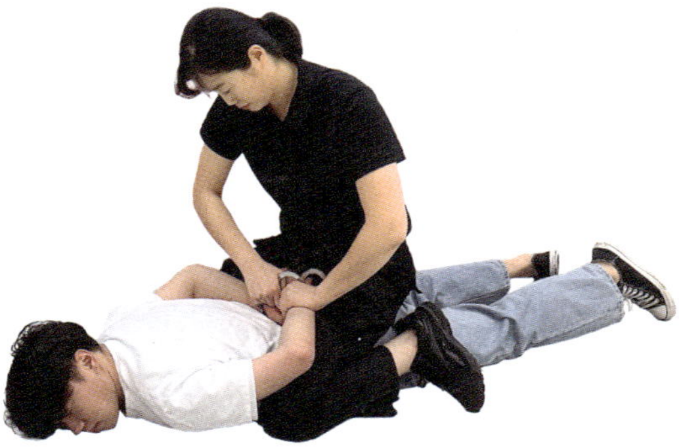

10

반대 손에 수갑을 채워 완전히 제압한다.

(3) 측면에 위치했을 때 I

01

대상자의 측면에 위치했을 경우

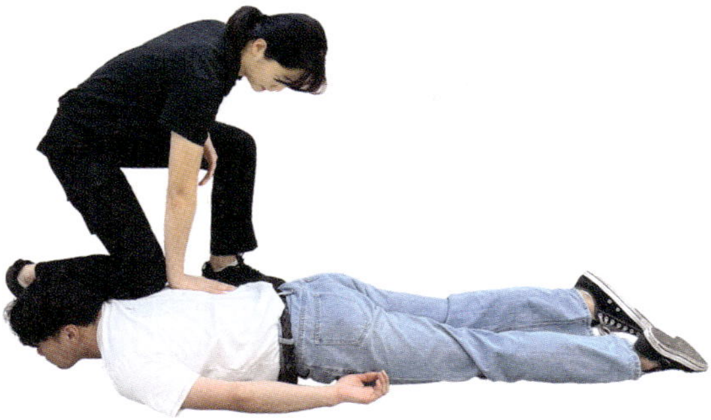

02

대상자의 측면에 접근하여 어깨를 누른다.

03

손목을 당겨오며 무릎으로 허리를 눌러준다.

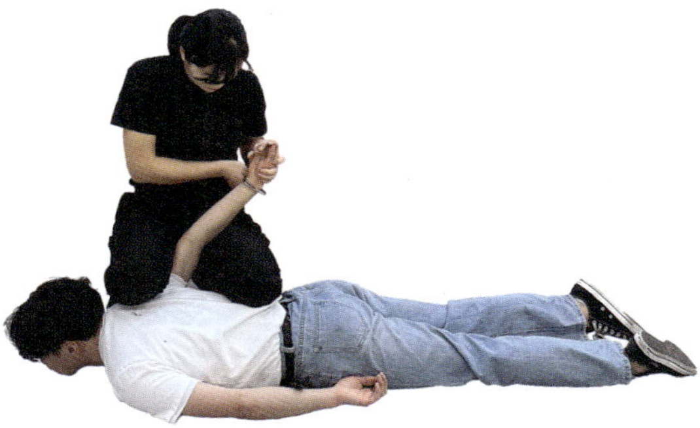

04

한쪽 손목에 수갑을 채운다.

05
반대쪽 팔을 잡는다.

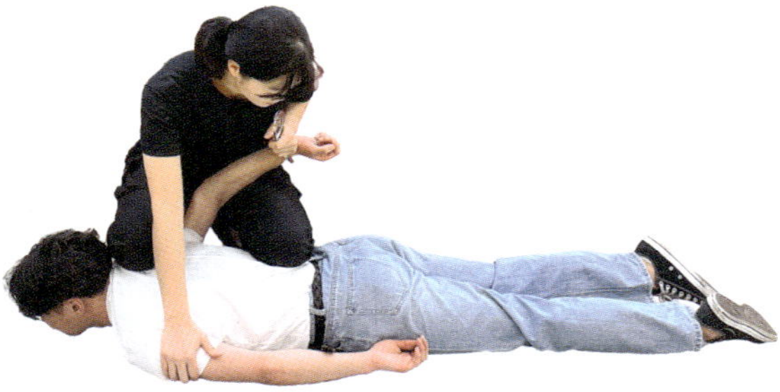

06
손목을 당겨 반대쪽 손목에 수갑을 채운다.

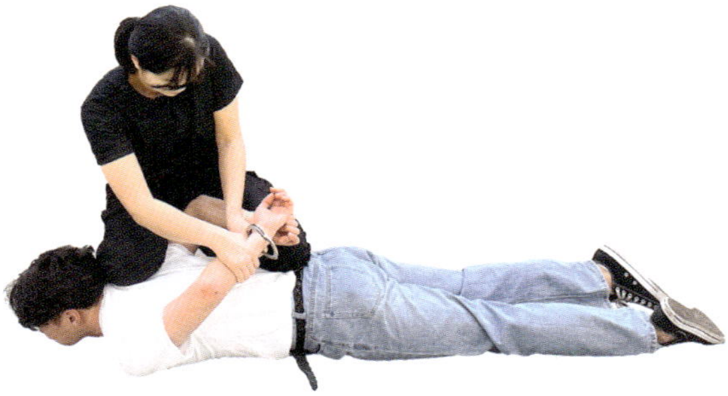

07
손목과 어깨 앞쪽 부분을 잡는다.

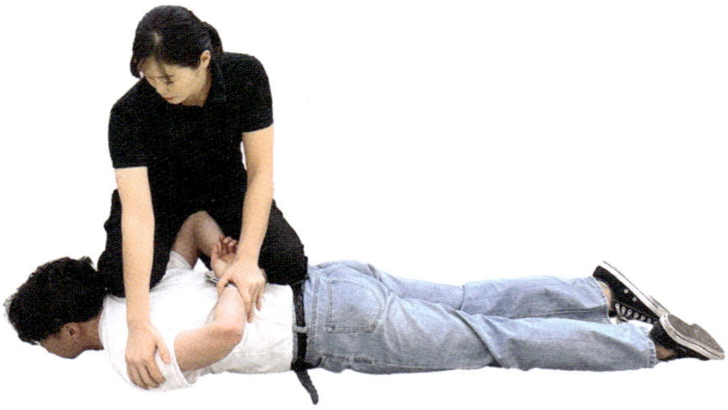

08
그대로 측면으로 당기며 돌려 눕힌다.

09
대상자의 목 아래에 손목을 넣는다.

10
팔목을 그대로 돌려 앉힌다.

11
대상자의 팔을 잡는다.

12
그대로 일으켜 연행한다.

(4) 측면에 위치했을 때 II

01
대상자의 측면에 위치했을 경우

02

대상자의 팔을 당기며 앉는다

03

팔을 안아 당기고 다리를 벌려 대상자와 최대한 밀착한다.

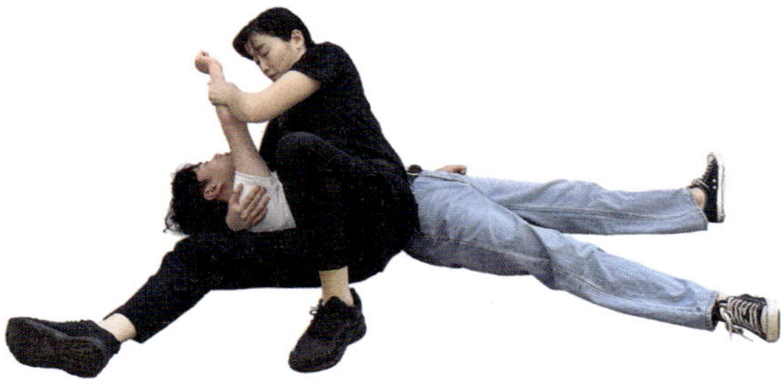

04

대상자의 팔이 목을 지나가도록 만든다.

05

대상자가 팔을 빼지 못하도록 팔꿈치를 손과 머리를 이용하여 눌러준다.

06

목 아래에서 반대손으로 손목을 잡는다.

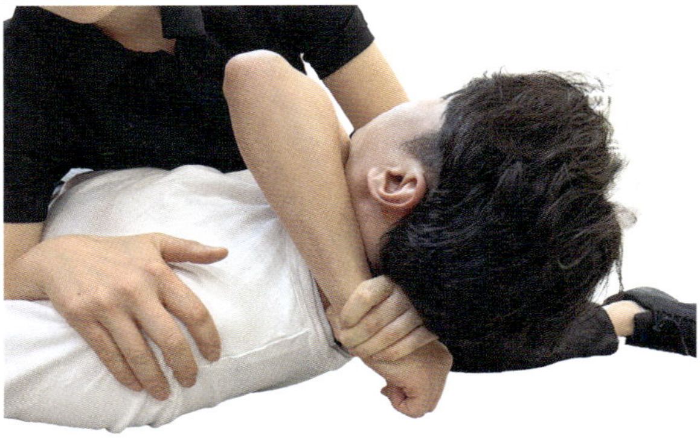

06-1

확 대

07

손목을 당기며 몸으로 대상자를 밀어준다.

08

계속 진행하여 엎어지면 그대로 등 위에 올라탄다.

09

반대 손목을 잡고 당긴다.

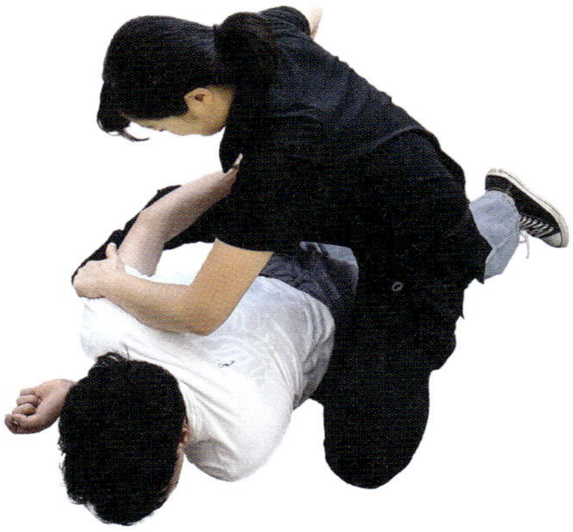

10
그대로 당겨온다.

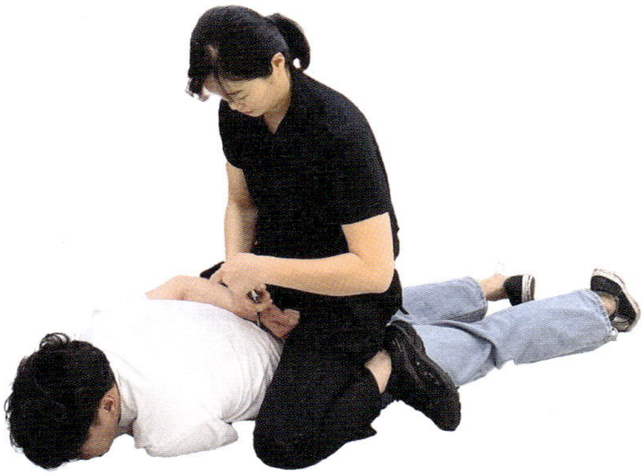

11
한쪽 손목에 수갑을 채운다.

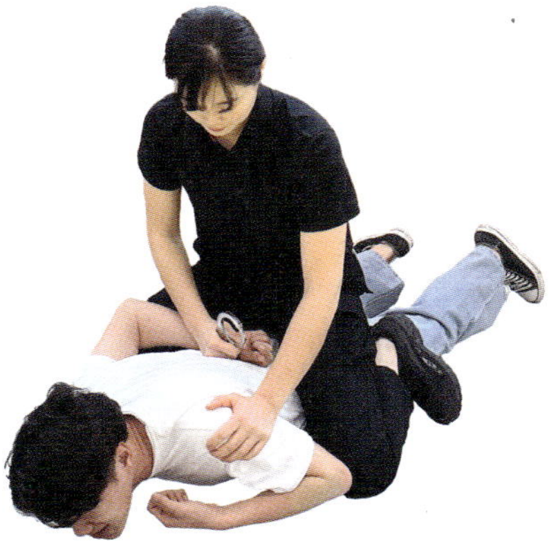

12
반대쪽 어깨를 들어 올려 공간을 만든다.

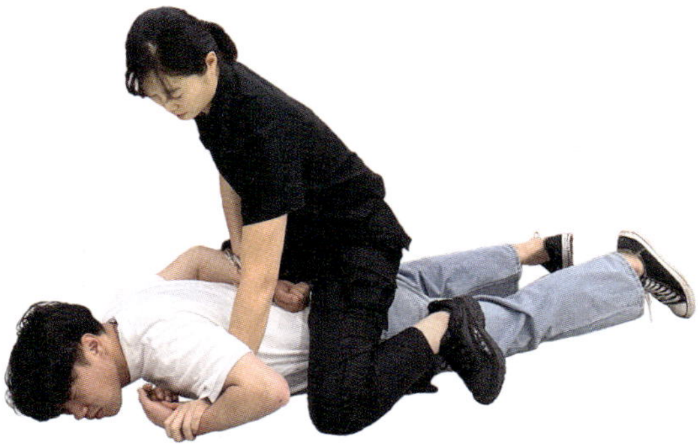

13

겨드랑이 아래로 손을 넣어 대상자의 손목을 들어올린다.

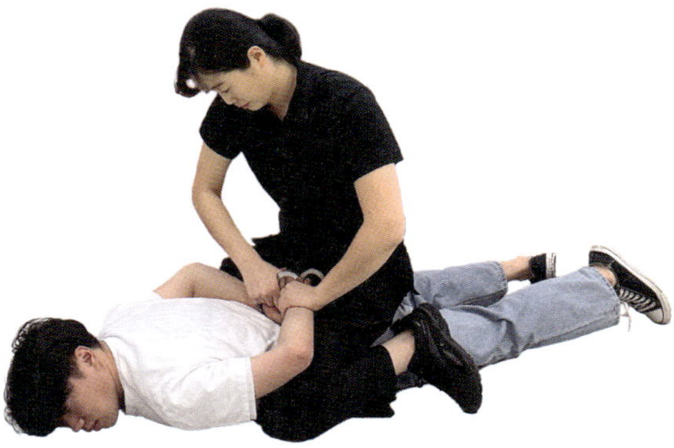

14

반대쪽 손목에 수갑을 채워 완전히 제압한다.

(5) 머리방향에 위치했을 때

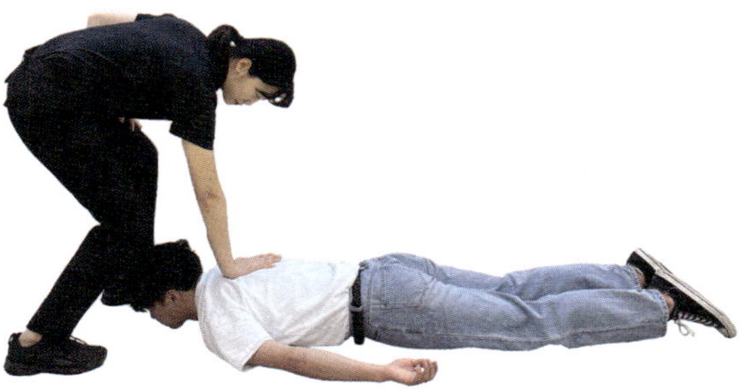

01

대상자의 머리방향에 위치했을 경우

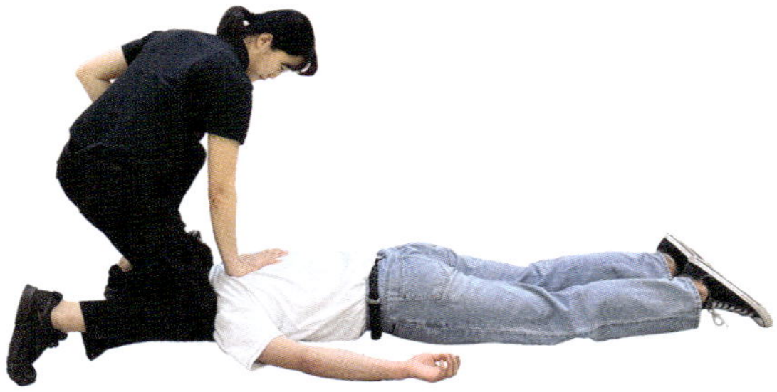

02

대상자의 등을 눌러주며 머리 옆에 무릎을 꿇는다.

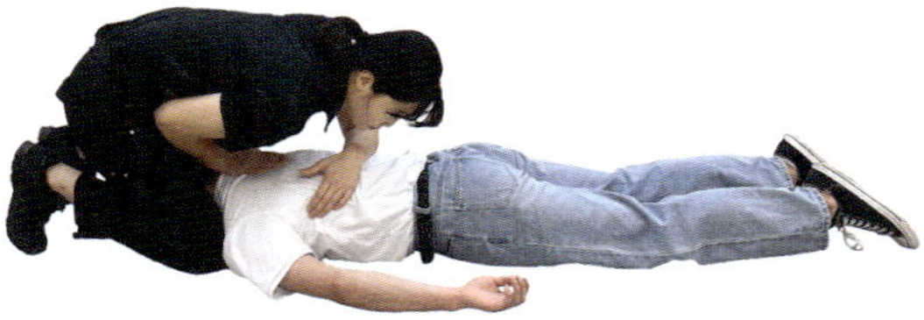

03

반대쪽 무릎을 반대쪽 머리 위에 놓고 양쪽 무릎으로 머리를 가두어 조여준다.

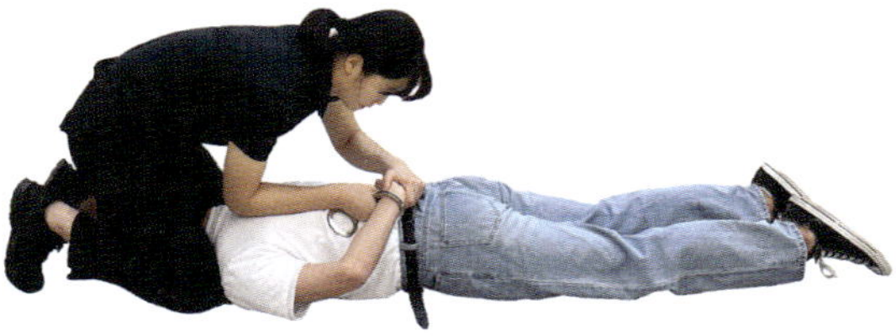

04

계속해서 눌러주며 한쪽 손목에 수갑을 채운다.

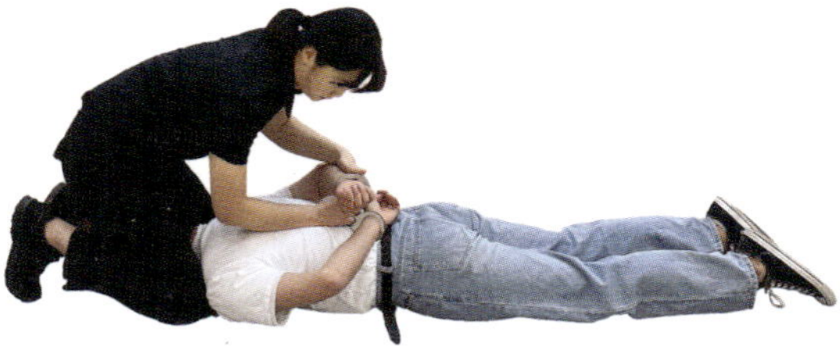

05

반대손에 수갑을 채워 완전히 제압한다.

2. 삼단봉

1) 사용법

01

범죄대상자의 저항에 따라 삼단봉을 사용하기 위한 방법으로 삼단봉을 강하게 잡는다.

※ 삼단봉 사용 시 빠르게 삼단봉을 펼칠 수 있는 반복된 숙달 훈련을 해야 함.

02

강하게 잡고 삼단봉을 아래로 힘껏 펼친다.

03

삼단봉을 사용 예비 동작으로 어깨에 올려 삼단봉을 사용할 수 있다.

04

삼단봉을 신속히 사용하기 위해 한 발을 뒤로 빼고 뒷굽이 자세를 하고, 한 손을 대상자에게 펼쳐 경계한다.

05

삼단봉을 대상자를 향해 겨눈 후 대상자의 행위에 따라 삼단봉을 사용한다.

06

대상자가 흉기 등을 사용할 경우 삼단봉을 사용하여 강하게 내려칠 수 있는 동작으로 사용할 수 있다.

2) 자 세

(1) 삼단봉 겨눔 방어자세

01
대상자가 흉기로 공격할 경우를 대비하여 뒷굽이 자세로 삼단봉을 겨누어 뒷굽이 방어자세로 경계한다.

02
대상자의 흉기 공격에 대비하여 삼단봉을 겨누어 앞굽이 공격자세로 경계한다.

(2) 삼단봉 어깨봉 방어자세

01

대상자의 흉기 공격에 대비하여 삼단봉을 어깨에 올려 뒷굽이 방어자세로 경계한다.

02

흉기공격에 대비하여 뒷굽이 자세에서 앞굽이 공격자세로 전환한다.

3) 삼단봉 대응

(1) 삼단봉 실전동작 Ⅰ

01

대상자가 흉기로 공격해올 경우 몸을 옆으로 돌려 피한다.

02

피한 후 삼단봉으로 흉기와 손을 강하게 내려친 후 흉기를 제거한다.

03
대상자의 목을 강하게 밀어낸다.

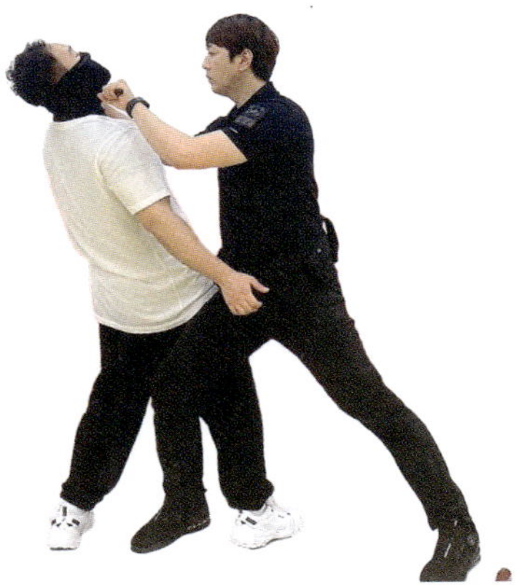

04
대상자의 다리를 걸어 넘긴다.

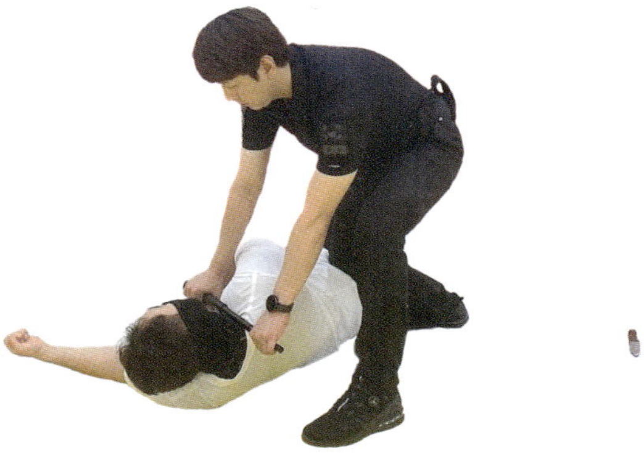

05
대상자를 넘어뜨려 제압한다.

(2) 삼단봉 실전동작 Ⅱ

01

대상자의 흉기공격에 대비하여 어깨봉 자세로 준비한다.

02

대상자가 흉기로 공격해 올 경우 몸을 옆으로 돌려 피한다.

03

삼단봉으로 흉기와 손을 강하게 내려친 후 흉기를 제거한다.

04

흉기분리 후 삼단봉으로 대상자의 목을 감싼다.

05

아래로 강하게 눌러 지면으로 유도한다.

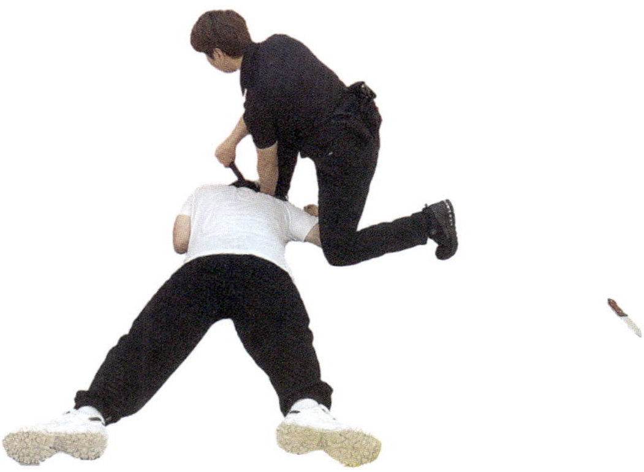

06

계속 진행하여 완전히 넘어뜨린다.

(3) 삼단봉 실전동작 Ⅲ

01

대상자가 흉기를 할 경우 신속히 대상자의 손목 등을 내리쳐 대상자로부터 흉기를 제거한다.

02

흉기제거한 후 삼단봉을 대상자의 목뒤로 감아 양손을 엇갈리게 하여 봉 끝을 잡는다.

03

삼단봉으로 대상자를 당겨 지면으로 유도한다.

(4) 삼단봉 실전동작 Ⅳ

01

대상자의 손을 강하게 내려치며 흉기를 제거한다.

02

흉기를 제거한 후 대상자 다리를 내려친다.

03

대상자의 중심을 잃게 하여 지면으로 유도한다.

04
대상자를 넘어뜨려 완전히 제압한다.

(5) 삼단봉 실전동작 V

01
대상자의 후면으로 접근하여 삼단봉을 내리쳐 흉기를 제거한다.

02
흉기분리 후 삼단봉으로 목을 감싸 잡는다.

03
대상자를 넘어뜨려 제압한다.

(6) 삼단봉 실전동작 Ⅵ

01
대상자가 주먹을 휘두를 경우, 막은 후 삼단봉을 펼친다.

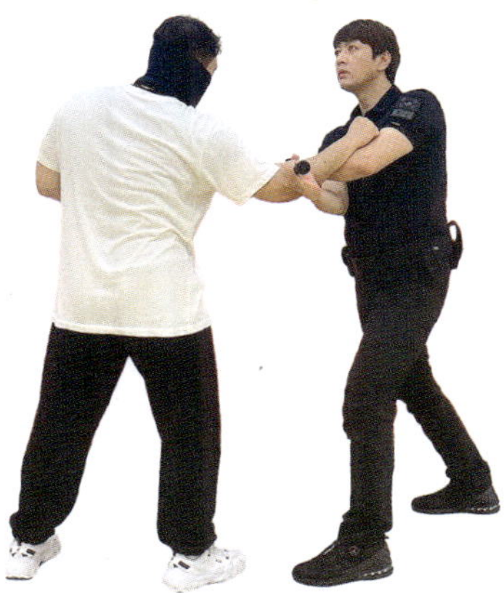

02
삼단봉을 대상자의 팔에 감아 양손으로 엇갈리게 잡는다.

03

삼단봉으로 대상자의 팔을 누르면서 한 발을 뒤로 빼며 지면으로 유도한다

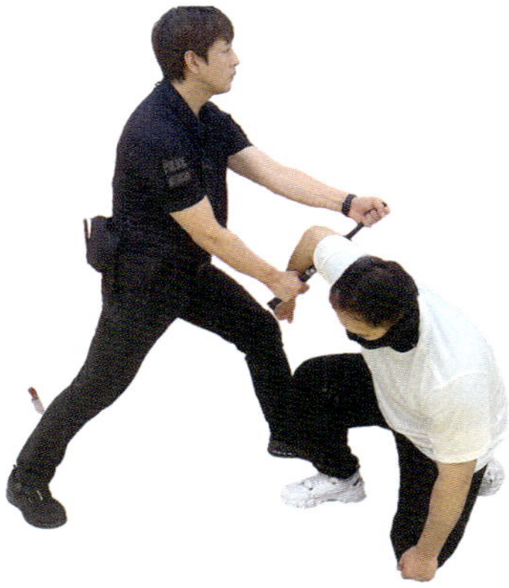

04

삼단봉을 돌려 대상자의 팔꿈치를 눌러 지면으로 유도한다.

05

대상자를 완전히 제압한다.

3. 테이저건

1) 테이저건 실전동작 Ⅰ

01

대상자가 흉기를 사용할 경우 대상자의 후면에서 테이저를 겨눈다

※ 테이저건 사용 시 안면부, 심장부, 국부(중심)를 피하여 사용해야 한다.

02

대상자를 쓰러뜨려 제압하고, 전기침을 제거한 후 체포한다.

※ 3m 거리 사용 시 45cm까지 벌어지는 상 하극 전기침을 동시에 맞추어야 한다.

2) 테이저건 실전동작 Ⅱ

01

대상자의 측면에서 테이저를 겨누어 사용한다.

02

대상자를 쓰러뜨려 제압하고, 전기침을 제거한 후 체포한다.

3) 테이저건 실전동작 Ⅲ

01

대상자의 등에 가방 등 장애요소가 있을 경우 전극침이 꽂힐 수 있는 부위를 확인하여 적합한 자세로 준비한다.

02

대상자를 쓰러뜨려 제압하고, 전기침을 제거한 후 체포한다.

부 록

경찰관 직무집행법

경찰 물리력 행사기준과 방법에 관한 규칙

경찰관 직무집행법

[시행 2022. 2. 3.] [법률 제18807호, 2022. 2. 3., 일부개정]

제1조(목적) ① 이 법은 국민의 자유와 권리 및 모든 개인이 가지는 불가침의 기본적 인권을 보호하고 사회공공의 질서를 유지하기 위한 경찰관(경찰공무원만 해당한다. 이하 같다.)의 직무 수행에 필요한 사항을 규정함을 목적으로 한다. 〈개정 2020. 12. 22.〉

② 이 법에 규정된 경찰관의 직권은 그 직무 수행에 필요한 최소한도에서 행사되어야 하며 남용되어서는 아니 된다.

[전문개정 2014. 5. 20.]

제2조(직무의 범위) 경찰관은 다음 각 호의 직무를 수행한다.
〈개정 2018. 4. 17., 2020. 12. 22.〉

1. 국민의 생명·신체 및 재산의 보호
2. 범죄의 예방·진압 및 수사

2의2. 범죄피해자 보호

3. 경비, 주요 인사(人士) 경호 및 대간첩·대테러 작전 수행
4. 공공안녕에 대한 위험의 예방과 대응을 위한 정보의 수집·작성 및 배포
5. 교통 단속과 교통 위해(危害)의 방지
6. 외국 정부기관 및 국제기구와의 국제협력
7. 그 밖에 공공의 안녕과 질서 유지

[전문개정 2014. 5. 20.]

제3조(불심검문) ① 경찰관은 다음 각 호의 어느 하나에 해당하는 사람을 정지시켜 질문할 수 있다.

1. 수상한 행동이나 그 밖의 주위 사정을 합리적으로 판단하여 볼 때 어떠한 죄를 범하였거나 범하려 하고 있다고 의심할 만한 상당한 이유가 있는 사람
2. 이미 행하여진 범죄나 행하여지려고 하는 범죄행위에 관한 사실을 안다고 인정되는 사람

② 경찰관은 제1항에 따라 같은 항 각 호의 사람을 정지시킨 장소에서 질문을 하는 것이 그 사람에게 불리하거나 교통에 방해가 된다고 인정될 때에는 질문을 하기 위하여 가까

운 경찰서 · 지구대 · 파출소 또는 출장소(지방해양경찰관서를 포함하며, 이하 "경찰관서"라 한다)로 동행할 것을 요구할 수 있다. 이 경우 동행을 요구받은 사람은 그 요구를 거절할 수 있다. 〈개정 2014. 11. 19., 2017. 7. 26.〉

③ 경찰관은 제1항 각 호의 어느 하나에 해당하는 사람에게 질문을 할 때에 그 사람이 흉기를 가지고 있는지를 조사할 수 있다.

④ 경찰관은 제1항이나 제2항에 따라 질문을 하거나 동행을 요구할 경우 자신의 신분을 표시하는 증표를 제시하면서 소속과 성명을 밝히고 질문이나 동행의 목적과 이유를 설명하여야 하며, 동행을 요구하는 경우에는 동행 장소를 밝혀야 한다.

⑤ 경찰관은 제2항에 따라 동행한 사람의 가족이나 친지 등에게 동행한 경찰관의 신분, 동행 장소, 동행 목적과 이유를 알리거나 본인으로 하여금 즉시 연락할 수 있는 기회를 주어야 하며, 변호인의 도움을 받을 권리가 있음을 알려야 한다.

⑥ 경찰관은 제2항에 따라 동행한 사람을 6시간을 초과하여 경찰관서에 머물게 할 수 없다.

⑦ 제1항부터 제3항까지의 규정에 따라 질문을 받거나 동행을 요구받은 사람은 형사소송에 관한 법률에 따르지 아니하고는 신체를 구속당하지 아니하며, 그 의사에 반하여 답변을 강요당하지 아니한다.

[전문개정 2014. 5. 20.]

제4조(보호조치 등) ① 경찰관은 수상한 행동이나 그 밖의 주위 사정을 합리적으로 판단해 볼 때 다음 각 호의 어느 하나에 해당하는 것이 명백하고 응급구호가 필요하다고 믿을 만한 상당한 이유가 있는 사람(이하 "구호대상자"라 한다)을 발견하였을 때에는 보건의료기관이나 공공구호기관에 긴급구호를 요청하거나 경찰관서에 보호하는 등 적절한 조치를 할 수 있다.

1. 정신착란을 일으키거나 술에 취하여 자신 또는 다른 사람의 생명 · 신체 · 재산에 위해를 끼칠 우려가 있는 사람
2. 자살을 시도하는 사람
3. 미아, 병자, 부상자 등으로서 적당한 보호자가 없으며 응급구호가 필요하다고 인정되는 사람. 다만, 본인이 구호를 거절하는 경우는 제외한다.

② 제1항에 따라 긴급구호를 요청받은 보건의료기관이나 공공구호기관은 정당한 이유 없이 긴급구호를 거절할 수 없다.

③ 경찰관은 제1항의 조치를 하는 경우에 구호대상자가 휴대하고 있는 무기·흉기 등 위험을 일으킬 수 있는 것으로 인정되는 물건을 경찰관서에 임시로 영치(領置)하여 놓을 수 있다.

④ 경찰관은 제1항의 조치를 하였을 때에는 지체 없이 구호대상자의 가족, 친지 또는 그 밖의 연고자에게 그 사실을 알려야 하며, 연고자가 발견되지 아니할 때에는 구호대상자를 적당한 공공보건의료기관이나 공공구호기관에 즉시 인계하여야 한다.

⑤ 경찰관은 제4항에 따라 구호대상자를 공공보건의료기관이나 공공구호기관에 인계하였을 때에는 즉시 그 사실을 소속 경찰서장이나 해양경찰서장에게 보고하여야 한다. 〈개정 2014. 11. 19., 2017. 7. 26.〉

⑥ 제5항에 따라 보고를 받은 소속 경찰서장이나 해양경찰서장은 대통령령으로 정하는 바에 따라 구호대상자를 인계한 사실을 지체 없이 해당 공공보건의료기관 또는 공공구호기관의 장 및 그 감독행정청에 통보하여야 한다. 〈개정 2014. 11. 19., 2017. 7. 26.〉

⑦ 제1항에 따라 구호대상자를 경찰관서에서 보호하는 기간은 24시간을 초과할 수 없고, 제3항에 따라 물건을 경찰관서에 임시로 영치하는 기간은 10일을 초과할 수 없다. [전문개정 2014. 5. 20.]

제5조(위험 발생의 방지 등) ① 경찰관은 사람의 생명 또는 신체에 위해를 끼치거나 재산에 중대한 손해를 끼칠 우려가 있는 천재(天災), 사변(事變), 인공구조물의 파손이나 붕괴, 교통사고, 위험물의 폭발, 위험한 동물 등의 출현, 극도의 혼잡, 그 밖의 위험한 사태가 있을 때에는 다음 각 호의 조치를 할 수 있다.

1. 그 장소에 모인 사람, 사물(事物)의 관리자, 그 밖의 관계인에게 필요한 경고를 하는 것
2. 매우 긴급한 경우에는 위해를 입을 우려가 있는 사람을 필요한 한도에서 억류하거나 피난시키는 것
3. 그 장소에 있는 사람, 사물의 관리자, 그 밖의 관계인에게 위해를 방지하기 위하여 필요하다고 인정되는 조치를 하게 하거나 직접 그 조치를 하는 것

② 경찰관서의 장은 대간첩 작전의 수행이나 소요(騷擾) 사태의 진압을 위하여 필요하다고 인정되는 상당한 이유가 있을 때에는 대간첩 작전지역이나 경찰관서·무기고 등 국가중요시설에 대한 접근 또는 통행을 제한하거나 금지할 수 있다.

③ 경찰관은 제1항의 조치를 하였을 때에는 지체 없이 그 사실을 소속 경찰관서의 장에게 보고하여야 한다.

④ 제2항의 조치를 하거나 제3항의 보고를 받은 경찰관서의 장은 관계 기관의 협조를 구하는 등 적절한 조치를 하여야 한다.
[전문개정 2014. 5. 20.]

제6조(범죄의 예방과 제지) 경찰관은 범죄행위가 목전(目前)에 행하여지려고 하고 있다고 인정될 때에는 이를 예방하기 위하여 관계인에게 필요한 경고를 하고, 그 행위로 인하여 사람의 생명·신체에 위해를 끼치거나 재산에 중대한 손해를 끼칠 우려가 있는 긴급한 경우에는 그 행위를 제지할 수 있다.
[전문개정 2014. 5. 20.]

제7조(위험 방지를 위한 출입) ① 경찰관은 제5조제1항·제2항 및 제6조에 따른 위험한 사태가 발생하여 사람의 생명·신체 또는 재산에 대한 위해가 임박한 때에 그 위해를 방지하거나 피해자를 구조하기 위하여 부득이하다고 인정하면 합리적으로 판단하여 필요한 한도에서 다른 사람의 토지·건물·배 또는 차에 출입할 수 있다.
② 흥행장(興行場), 여관, 음식점, 역, 그 밖에 많은 사람이 출입하는 장소의 관리자나 그에 준하는 관계인은 경찰관이 범죄나 사람의 생명·신체·재산에 대한 위해를 예방하기 위하여 해당 장소의 영업시간이나 해당 장소가 일반인에게 공개된 시간에 그 장소에 출입하겠다고 요구하면 정당한 이유 없이 그 요구를 거절할 수 없다.
③ 경찰관은 대간첩 작전 수행에 필요할 때에는 작전지역에서 제2항에 따른 장소를 검색할 수 있다.
④ 경찰관은 제1항부터 제3항까지의 규정에 따라 필요한 장소에 출입할 때에는 그 신분을 표시하는 증표를 제시하여야 하며, 함부로 관계인이 하는 정당한 업무를 방해해서는 아니 된다.
[전문개정 2014. 5. 20.]

제8조(사실의 확인 등) ① 경찰관서의 장은 직무 수행에 필요하다고 인정되는 상당한 이유가 있을 때에는 국가기관이나 공사(公私) 단체 등에 직무 수행에 관련된 사실을 조회할 수 있다. 다만, 긴급한 경우에는 소속 경찰관으로 하여금 현장에 나가 해당 기관 또는 단체의 장의 협조를 받아 그 사실을 확인하게 할 수 있다.
② 경찰관은 다음 각 호의 직무를 수행하기 위하여 필요하면 관계인에게 출석하여야 하는 사유·일시 및 장소를 명확히 적은 출석 요구서를 보내 경찰관서에 출석할 것을 요구할 수 있다.

1. 미아를 인수할 보호자 확인
2. 유실물을 인수할 권리자 확인
3. 사고로 인한 사상자(死傷者) 확인
4. 행정처분을 위한 교통사고 조사에 필요한 사실 확인

[전문개정 2014. 5. 20.]

제8조의2(정보의 수집 등) ① 경찰관은 범죄·재난·공공갈등 등 공공안녕에 대한 위험의 예방과 대응을 위한 정보의 수집·작성·배포와 이에 수반되는 사실의 확인을 할 수 있다.

② 제1항에 따른 정보의 구체적인 범위와 처리 기준, 정보의 수집·작성·배포에 수반되는 사실의 확인 절차와 한계는 대통령령으로 정한다.

[본조신설 2020. 12. 22.]

[종전 제8조의2는 제8조의3으로 이동 〈2020. 12. 22.〉]

제8조의3(국제협력) 경찰청장 또는 해양경찰청장은 이 법에 따른 경찰관의 직무수행을 위하여 외국 정부기관, 국제기구 등과 자료 교환, 국제협력 활동 등을 할 수 있다. 〈개정 2014. 11. 19., 2017. 7. 26.〉

[본조신설 2014. 5. 20.]

[제8조의2에서 이동 〈2020. 12. 22.〉]

제9조(유치장) 법률에서 정한 절차에 따라 체포·구속된 사람 또는 신체의 자유를 제한하는 판결이나 처분을 받은 사람을 수용하기 위하여 경찰서와 해양경찰서에 유치장을 둔다. 〈개정 2014. 11. 19., 2017. 7. 26.〉

[전문개정 2014. 5. 20.]

제10조(경찰장비의 사용 등) ① 경찰관은 직무수행 중 경찰장비를 사용할 수 있다. 다만, 사람의 생명이나 신체에 위해를 끼칠 수 있는 경찰장비(이하 이 조에서 "위해성 경찰장비"라 한다.)를 사용할 때에는 필요한 안전교육과 안전검사를 받은 후 사용하여야 한다.

② 제1항 본문에서 "경찰장비"란 무기, 경찰장구(警察裝具), 최루제(催淚劑)와 그 발사장치, 살수차, 감식기구(鑑識機具), 해안 감시기구, 통신기기, 차량·선박·항공기 등 경찰이 직무를 수행할 때 필요한 장치와 기구를 말한다.

③ 경찰관은 경찰장비를 함부로 개조하거나 경찰장비에 임의의 장비를 부착하여 일반적인 사용법과 달리 사용함으로써 다른 사람의 생명·신체에 위해를 끼쳐서는 아니 된다.

④ 위해성 경찰장비는 필요한 최소한도에서 사용하여야 한다.

⑤ 경찰청장은 위해성 경찰장비를 새로 도입하려는 경우에는 대통령령으로 정하는 바에 따라 안전성 검사를 실시하여 그 안전성 검사의 결과보고서를 국회 소관 상임위원회에 제출하여야 한다. 이 경우 안전성 검사에는 외부 전문가를 참여시켜야 한다.

⑥ 위해성 경찰장비의 종류 및 그 사용기준, 안전교육·안전검사의 기준 등은 대통령령으로 정한다.

[전문개정 2014. 5. 20.]

제10조의2(경찰장구의 사용) ① 경찰관은 다음 각 호의 직무를 수행하기 위하여 필요하다고 인정되는 상당한 이유가 있을 때에는 그 사태를 합리적으로 판단하여 필요한 한도에서 경찰장구를 사용할 수 있다.

1. 현행범이나 사형·무기 또는 장기 3년 이상의 징역이나 금고에 해당하는 죄를 범한 범인의 체포 또는 도주 방지
2. 자신이나 다른 사람의 생명·신체의 방어 및 보호
3. 공무집행에 대한 항거(抗拒) 제지

② 제1항에서 "경찰장구"란 경찰관이 휴대하여 범인 검거와 범죄 진압 등의 직무 수행에 사용하는 수갑, 포승(捕繩), 경찰봉, 방패 등을 말한다.

[전문개정 2014. 5. 20.]

제10조의3(분사기 등의 사용) 경찰관은 다음 각 호의 직무를 수행하기 위하여 부득이한 경우에는 현장책임자가 판단하여 필요한 최소한의 범위에서 분사기(「총포·도검·화약류 등의 안전관리에 관한 법률」에 따른 분사기를 말하며, 그에 사용하는 최루 등의 작용제를 포함한다. 이하 같다.) 또는 최루탄을 사용할 수 있다. 〈개정 2015. 1. 6.〉

1. 범인의 체포 또는 범인의 도주 방지
2. 불법집회·시위로 인한 자신이나 다른 사람의 생명·신체와 재산 및 공공시설 안전에 대한 현저한 위해의 발생 억제

[전문개정 2014. 5. 20.]

제10조의4(무기의 사용) ① 경찰관은 범인의 체포, 범인의 도주 방지, 자신이나 다른 사람의 생명·신체의 방어 및 보호, 공무집행에 대한 항거의 제지를 위하여 필요하다고 인정되는 상당한 이유가 있을 때에는 그 사태를 합리적으로 판단하여 필요한 한도에서 무기를 사용할 수 있다. 다만, 다음 각 호의 어느 하나에 해당할 때를 제외하고는 사람에게 위해를 끼쳐서는 아니 된다.

1. 「형법」에 규정된 정당방위와 긴급피난에 해당할 때
2. 다음 각 목의 어느 하나에 해당하는 때에 그 행위를 방지하거나 그 행위자를 체포하기 위하여 무기를 사용하지 아니하고는 다른 수단이 없다고 인정되는 상당한 이유가 있을 때
   가. 사형·무기 또는 장기 3년 이상의 징역이나 금고에 해당하는 죄를 범하거나 범하였다고 의심할 만한 충분한 이유가 있는 사람이 경찰관의 직무집행에 항거하거나 도주하려고 할 때
   나. 체포·구속영장과 압수·수색영장을 집행하는 과정에서 경찰관의 직무집행에 항거하거나 도주하려고 할 때
   다. 제3자가 가목 또는 나목에 해당하는 사람을 도주시키려고 경찰관에게 항거할 때
   라. 범인이나 소요를 일으킨 사람이 무기·흉기 등 위험한 물건을 지니고 경찰관으로부터 3회 이상 물건을 버리라는 명령이나 항복하라는 명령을 받고도 따르지 아니하면서 계속 항거할 때
3. 대간첩 작전 수행 과정에서 무장간첩이 항복하라는 경찰관의 명령을 받고도 따르지 아니할 때

② 제1항에서 "무기"란 사람의 생명이나 신체에 위해를 끼칠 수 있도록 제작된 권총·소총·도검 등을 말한다.

③ 대간첩·대테러 작전 등 국가안전에 관련되는 작전을 수행할 때에는 개인화기(個人火器) 외에 공용화기(共用火器)를 사용할 수 있다.

[전문개정 2014. 5. 20.]

제11조(사용기록의 보관) 제10조제2항에 따른 살수차, 제10조의3에 따른 분사기, 최루탄 또는 제10조의4에 따른 무기를 사용하는 경우 그 책임자는 사용 일시·장소·대상, 현장책임자, 종류, 수량 등을 기록하여 보관하여야 한다.

[전문개정 2014. 5. 20.]

제11조의2(손실보상) ① 국가는 경찰관의 적법한 직무집행으로 인하여 다음 각 호의 어느 하나에 해당하는 손실을 입은 자에 대하여 정당한 보상을 하여야 한다.
〈개정 2018. 12. 24.〉

1. 손실발생의 원인에 대하여 책임이 없는 자가 생명 · 신체 또는 재산상의 손실을 입은 경우(손실발생의 원인에 대하여 책임이 없는 자가 경찰관의 직무집행에 자발적으로 협조하거나 물건을 제공하여 생명 · 신체 또는 재산상의 손실을 입은 경우를 포함한다.)
2. 손실발생의 원인에 대하여 책임이 있는 자가 자신의 책임에 상응하는 정도를 초과하는 생명 · 신체 또는 재산상의 손실을 입은 경우

② 제1항에 따른 보상을 청구할 수 있는 권리는 손실이 있음을 안 날부터 3년, 손실이 발생한 날부터 5년간 행사하지 아니하면 시효의 완성으로 소멸한다.

③ 제1항에 따른 손실보상신청 사건을 심의하기 위하여 손실보상심의위원회를 둔다.

④ 경찰청장 또는 시 · 도 경찰청장은 제3항의 손실보상심의위원회의 심의 · 의결에 따라 보상금을 지급하고, 거짓 또는 부정한 방법으로 보상금을 받은 사람에 대하여는 해당 보상금을 환수하여야 한다. 〈개정 2018. 12. 24., 2020. 12. 22.〉

⑤ 보상금이 지급된 경우 손실보상심의위원회는 대통령령으로 정하는 바에 따라 국가경찰위원회에 심사 자료와 결과를 보고하여야 한다. 이 경우 국가경찰위원회는 손실보상의 적법성 및 적정성 확인을 위하여 필요한 자료의 제출을 요구할 수 있다. 〈신설 2018. 12. 24., 2020. 12. 22.〉

⑥ 경찰청장 또는 시 · 도 경찰청장은 제4항에 따라 보상금을 반환하여야 할 사람이 대통령령으로 정한 기한까지 그 금액을 납부하지 아니한 때에는 국세 체납처분의 예에 따라 징수할 수 있다. 〈신설 2018. 12. 24., 2020. 12. 22.〉

⑦ 제1항에 따른 손실보상의 기준, 보상금액, 지급 절차 및 방법, 제3항에 따른 손실보상심의위원회의 구성 및 운영, 제4항 및 제6항에 따른 환수절차, 그 밖에 손실보상에 관하여 필요한 사항은 대통령령으로 정한다. 〈신설 2018. 12. 24.〉

[본조신설 2013. 4. 5.]

제11조의3(범인검거 등 공로자 보상) ① 경찰청장, 시 · 도 경찰청장 또는 경찰서장은 다음 각 호의 어느 하나에 해당하는 사람에게 보상금을 지급할 수 있다.
〈개정 2020. 12. 22.〉

1. 범인 또는 범인의 소재를 신고하여 검거하게 한 사람

2. 범인을 검거하여 경찰공무원에게 인도한 사람
3. 테러범죄의 예방활동에 현저한 공로가 있는 사람
4. 그 밖에 제1호부터 제3호까지의 규정에 준하는 사람으로서 대통령령으로 정하는 사람

② 경찰청장, 시·도 경찰청장 및 경찰서장은 제1항에 따른 보상금 지급의 심사를 위하여 대통령령으로 정하는 바에 따라 각각 보상금심사위원회를 설치·운영하여야 한다. 〈개정 2020. 12. 22.〉

③ 제2항에 따른 보상금심사위원회는 위원장 1명을 포함한 5명 이내의 위원으로 구성한다.

④ 제2항에 따른 보상금심사위원회의 위원은 소속 경찰공무원 중에서 경찰청장, 시·도 경찰청장 또는 경찰서장이 임명한다. 〈개정 2020. 12. 22.〉

⑤ 경찰청장, 시·도 경찰청장 또는 경찰서장은 제2항에 따른 보상금심사위원회의 심사·의결에 따라 보상금을 지급하고, 거짓 또는 부정한 방법으로 보상금을 받은 사람에 대하여는 해당 보상금을 환수한다. 〈개정 2020. 12. 22.〉

⑥ 경찰청장, 시·도 경찰청장 또는 경찰서장은 제5항에 따라 보상금을 반환하여야 할 사람이 대통령령으로 정한 기한까지 그 금액을 납부하지 아니한 때에는 국세 체납처분의 예에 따라 징수할 수 있다. 〈개정 2018. 12. 24., 2020. 12. 22.〉

⑦ 제1항에 따른 보상 대상, 보상금의 지급 기준 및 절차, 제2항 및 제3항에 따른 보상금심사위원회의 구성 및 심사사항, 제5항 및 제6항에 따른 환수절차, 그 밖에 보상금 지급에 관하여 필요한 사항은 대통령령으로 정한다. 〈신설 2018. 12. 24.〉

[본조신설 2016. 1. 27.]

[제목개정 2018. 12. 24.]

제11조의4(소송 지원) 경찰청장과 해양경찰청장은 경찰관이 제2조 각 호에 따른 직무의 수행으로 인하여 민·형사상 책임과 관련된 소송을 수행할 경우 변호인 선임 등 소송 수행에 필요한 지원을 할 수 있다.

[본조신설 2021. 10. 19.]

제11조의5(직무 수행으로 인한 형의 감면) 다음 각 호의 범죄가 행하여지려고 하거나 행하여지고 있어 타인의 생명·신체에 대한 위해 발생의 우려가 명백하고 긴급한 상황에서, 경찰관이 그 위해를 예방하거나 진압하기 위한 행위 또는 범인의 검거 과정에서 경찰관을 향한 직접적인 유형력 행사에 대응하는 행위를 하여 그로 인하여 타인에게 피해가 발

생한 경우, 그 경찰관의 직무수행이 불가피한 것이고 필요한 최소한의 범위에서 이루어졌으며 해당 경찰관에게 고의 또는 중대한 과실이 없는 때에는 그 정상을 참작하여 형을 감경하거나 면제할 수 있다.

1. 「형법」 제2편제24장 살인의 죄, 제25장 상해와 폭행의 죄, 제32장 강간과 추행의 죄 중 강간에 관한 범죄, 제38장 절도와 강도의 죄 중 강도에 관한 범죄 및 이에 대하여 다른 법률에 따라 가중처벌하는 범죄
2. 「가정폭력범죄의 처벌 등에 관한 특례법」에 따른 가정폭력범죄, 「아동학대범죄의 처벌 등에 관한 특례법」에 따른 아동학대범죄

[본조신설 2022. 2. 3.]

제12조(벌칙) 이 법에 규정된 경찰관의 의무를 위반하거나 직권을 남용하여 다른 사람에게 해를 끼친 사람은 1년 이하의 징역이나 금고에 처한다.

[전문개정 2014. 5. 20.]

경찰 물리력 행사의 기준과 방법에 관한 규칙

제1장 총 칙

1.1. 목적

이 규칙은 경찰관이 물리력 사용 시 준수하여야 할 기본원칙, 물리력 사용의 정도, 각 물리력 수단의 사용 한계 및 유의사항을 규정함으로써 국민과 경찰관의 생명 · 신체를 보호하고 인권을 보장하며 경찰 법집행의 정당성을 확보하는 데에 그 목적이 있다.

1.2. 경찰 물리력의 정의

경찰 물리력이란 범죄의 예방과 제지, 범인 체포 또는 도주 방지, 자신이나 다른 사람의 생명 · 신체 방어 및 보호, 공무집행에 대한 항거 제지 등 경찰목적을 달성하기 위해 경찰권발동의 대상자(이하 '대상자')에 대해 행해지는 일체의 신체적, 도구적 접촉(경찰관의 현장 임장, 언어적 통제 등 직접적인 신체 접촉 전 단계의 행위들도 포함한다)을 말한다.

1.3. 경찰 물리력 사용 3대 원칙

경찰관은 경찰목적을 실현함에 있어 적합하고 필요하며 상당한 수단을 선택함으로써 그 목적과 수단 사이에 합리적인 비례관계가 유지되도록 하여야 하며, 특히 물리력을 사용할 필요가 있는 경우 다음 원칙을 준수하여야 한다.

1.3.1. 객관적 합리성의 원칙

경찰관은 자신이 처해있는 사실과 상황에 비추어 합리적인 현장 경찰관의 관점에서 가장 적절한 물리력을 사용하여야 하며, 이를 위해 범죄의 종류, 피해의 경중, 위해의 급박성, 저항의 강약, 대상자와 경찰관의 수, 대상자가 소지한 무기의 종류 및 무기 사용의 태양, 대상자의 신체 및 건강 상태, 도주여부, 현장 주변의 상황 등을 종합적으로 고려하여야 한다.

1.3.2. 대상자 행위와 물리력 간 상응의 원칙

경찰관은 대상자의 행위에 따른 위해의 수준을 계속 평가 · 판단하여 필요최소한의 수준으로 물리력을 높이거나 낮추어서 사용하여야 한다.

1.3.3. 위해감소노력 우선의 원칙

경찰관은 현장상황이 안전하고 시간적 여유가 있는 경우에는 대상자가 야기하는 위해 수준을 떨어뜨려 보다 덜 위험한 물리력을 통해 상황을 종결시킬 수 있도록 노력하여야 한다. 다만, 이러한 노력이 오히려 상황을 악화시킬 가능성이 있거나 급박한 경우에는 이 원칙을 적용하지 않을 수 있다.

1.4. 경찰 물리력 사용 시 유의사항

1.4.1. 경찰관은 경찰청이 공인한 물리력 수단을 사용하여야 한다.

1.4.2. 경찰관은 성별, 장애, 인종, 종교 및 성정체성 등에 대한 선입견을 가지고 차별적으로 물리력을 사용하여서는 아니 된다.

1.4.3. 경찰관은 대상자의 신체 및 건강상태, 장애유형 등을 고려하여 물리력을 사용하여야 한다.

1.4.4. 경찰관은 이미 경찰목적을 달성하여 더 이상 물리력을 사용할 필요가 없는 경우에는 물리력 사용을 즉시 중단하여야 한다.

1.4.5. 경찰관은 대상자를 징벌하거나 복수할 목적으로 물리력을 사용하여서는 아니 된다.

1.4.6. 경찰관은 오직 상황의 빠른 종결이나, 직무수행의 편의를 위한 목적으로 물리력을 사용하여서는 아니 된다.

제2장 대상자 행위와 경찰 물리력 사용의 정도

2.1. 대상자 행위

대상자가 경찰관 또는 제3자에 대해 보일 수 있는 행위는 그 위해의 정도에 따라 ① 순응 ② 소극적 저항 ③ 적극적 저항 ④ 폭력적 공격 ⑤ 치명적 공격 등 다섯 단계로 구별한다.

2.1.1. 순응

대상자가 경찰관의 지시, 통제에 따르는 상태를 말한다. 다만. 대상자가 경찰관의 요구에 즉각 응하지 않고 약간의 시간만 지체하는 경우는 '순응'으로 본다.

2.1.2. 소극적 저항

대상자가 경찰관의 지시, 통제를 따르지 않고 비협조적이지만 경찰관 또는 제3자에 대해 직접적인 위해를 가하지 않는 상태를 말한다.

경찰관이 정당한 이동 명령을 발하였음에도 가만히 서있거나 앉아 있는 등 전혀 움직이지 않는 상태, 일부러 몸의 힘을 모두 빼거나, 고정된 물체를 꽉 잡고 버팀으로써 움직이지 않으려는 상태 등이 이에 해당한다.

2.1.3. 적극적 저항

대상자가 자신에 대한 경찰관의 체포·연행 등 정당한 공무집행을 방해하지만 경찰관 또는 제3자에 대해 위해 수준이 낮은 행위만을 하는 상태를 말한다.

대상자가 자신을 체포·연행하려는 경찰관으로부터 물리적으로 이탈하거나 도주하려는 행위, 체포·연행을 위해 팔을 잡으려는 경찰관의 손을 뿌리치거나, 경찰관을 밀고 잡아끄는 행위, 경찰관에게 침을 뱉거나 경찰관을 밀치는 행위 등이 이에 해당한다.

2.1.4. 폭력적 공격

대상자가 경찰관 또는 제3자에 대해 신체적 위해를 가하는 상태를 말한다.

대상자가 경찰관에게 폭력을 행사하려는 자세를 취하여 그 행사가 임박한 상태, 주먹 · 발 등을 사용해서 경찰관에 대해 신체적 위해를 초래하고 있거나 임박한 상태, 강한 힘으로 경찰관을 밀거나 잡아당기는 등 완력을 사용해 체포에서 벗어나려고 하는 상태 등이 이에 해당한다.

2.1.5. 치명적 공격

대상자가 경찰관 또는 제3자에 대해 사망 또는 심각한 부상을 초래할 수 있는 행위를 하는 상태를 말한다.

총기류(공기총 · 엽총 · 사제권총 등), 흉기(칼 · 도끼 · 낫 등), 둔기(망치 · 쇠파이프 등)를 이용하여 경찰관, 제3자에 대해 위력을 행사하고 있거나 위해 발생이 임박한 경우, 경찰관이나 제3자의 목을 세게 조르거나 무차별 폭행하는 등 생명 · 신체에 대해 중대한 위해가 발생할 정도의 위험한 폭력을 행사하는 경우가 이에 해당한다.

2.2. 경찰관 대응 수준

대상자 행위에 따른 경찰관의 대응 수준은 ① 협조적 통제, ② 접촉 통제 ③저위험 물리력 ④중위험 물리력 ⑤고위험 물리력 등 다섯 단계로 구별한다.

2.2.1. 협조적 통제

'순응' 이상의 상태인 대상자에 대해 사용할 수 있는 물리력 수준으로서, 대상자의 협조를 유도하거나 협조에 따른 물리력을 말한다. 그 종류는 다음과 같다.

가. 현장 임장
나. 언어적 통제
다. 체포 등을 위한 수갑 사용
라. 안내 · 체포 등에 수반한 신체적 물리력

2.2.2. 접촉 통제

'소극적 저항' 이상의 상태인 대상자에 대해 사용할 수 있는 물리력 수준으로서, 대상자 신체 접촉을 통해 경찰목적 달성을 강제하지만 신체적 부상을 야기할 가능성은 극히 낮은 물리력을 말한다. 그 종류는 다음과 같다.

가. 신체 일부 잡기 · 밀기 · 잡아끌기, 쥐기 · 누르기 · 비틀기
나. 경찰봉 양 끝 또는 방패를 잡고 대상자의 신체에 안전하게 밀착한 상태에서 대상자를 특정 방향으로 밀거나 잡아당기기

2.2.3. 저위험 물리력

'적극적 저항' 이상의 상태인 대상자에 대해 사용할 수 있는 물리력 수준으로서, 대상자가 통증을 느낄 수 있으나 신체적 부상을 당할 가능성은 낮은 물리력을 말한다. 그 종류는 다음과 같다.

가. 목을 압박하여 제압하거나 관절을 꺾는 방법, 팔 · 다리를 이용해 움직이지 못하도록 조르는 방법, 다리를 걸거나 들쳐 매는 등 균형을 무너뜨려 넘어뜨리는 방법, 대상자가 넘어진 상태에서 움직이지 못하게 위에서 눌러 제압하는 방법
나. 분사기 사용(다른 저위험 물리력 이하의 수단으로 제압이 어렵고, 경찰관이나 대상자의 부상 등의 방지를 위해 필요한 경우)

2.2.4. 중위험 물리력

'폭력적 공격' 이상의 상태의 대상자에 대해 사용할 수 있는 물리력 수준으로서, 대상자에게 신체적 부상을 입힐 수 있으나 생명 · 신체에 대한 중대한 위해 발생 가능성은 낮은 물리력을 말한다. 그 종류는 다음과 같다.

가. 손바닥, 주먹, 발 등 신체부위를 이용한 가격
나. 경찰봉으로 중요부위가 아닌 신체 부위를 찌르거나 가격
다. 방패로 강하게 압박하거나 세게 미는 행위
라. 전자충격기 사용

2.2.5. 고위험 물리력

가. '치명적 공격' 상태의 대상자로 인해 경찰관 또는 제3자의 생명 · 신체에 급박하고 중대한 위해가 초래될 가능성이 있는 경우 최후의 수단으로 사용할 수 있는 물리력 수준으로서, 대상자의 사망 또는 심각한 부상을 초래할 수 있는 물리력을 말한다.

나. 경찰관은 대상자의 '치명적 공격' 상황에서도 현장상황이 급박하지 않은 경우에는 낮은 수준의 물리력을 우선적으로 사용하여 상황을 종결시킬 수 있도록 노력하여야 한다.

다. '고위험 물리력'의 종류는 다음과 같다.

1) 권총 등 총기류 사용
2) 경찰봉, 방패, 신체적 물리력으로 대상자의 신체 중요 부위 또는 급소 부위 가격, 대상자의 목을 강하게 조르거나 신체를 강한 힘으로 압박하는 행위

2.3. 경찰 물리력 행사 연속체

2.3.1. 비례의 원칙에 입각한 물리력 사용 한계에 대한 이해도 제고를 위해 대상자 행위에 대응한 경찰 물리력 수준을 도식화한 것을 '경찰 물리력 행사 연속체 〈그림〉'라고 한다.

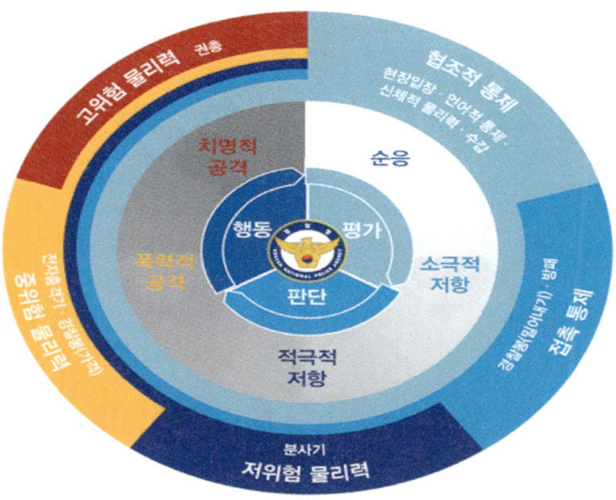

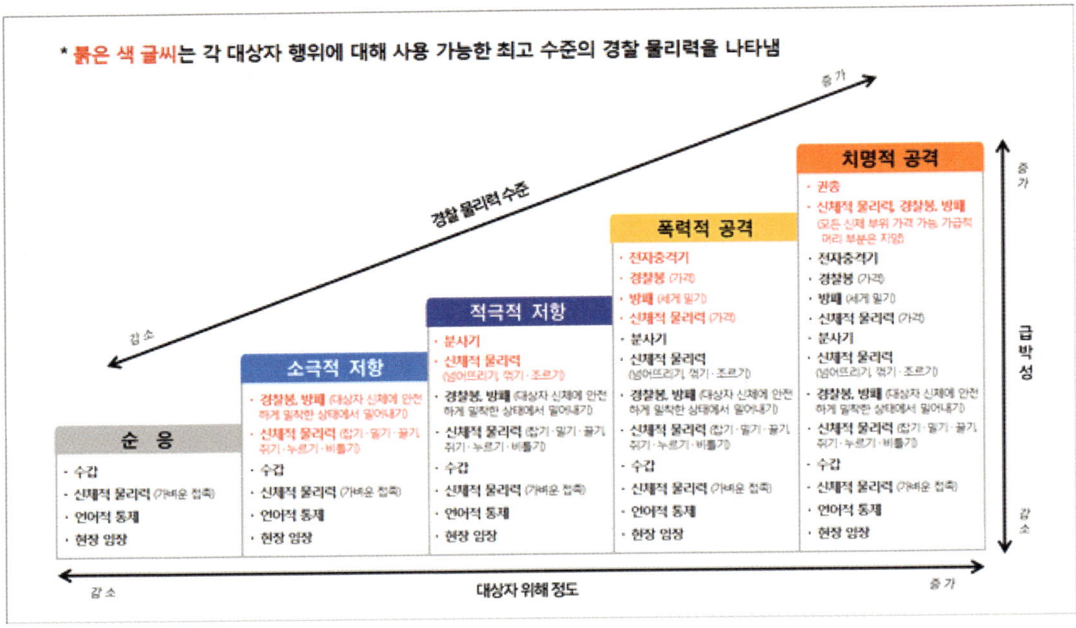

〈그림〉 경찰 물리력 행사 연속체 (대상자 행위에 대응한 경찰 물리력 수준)

2.3.2. 경찰관은 가능한 경우 낮은 수준의 물리력부터 시작하여 물리력의 강도를 높여 감으로써 상황을 안전하게 종결시키도록 하여야 한다. 다만, 급박하거나 대상자 행위의 위해 수준이 불연속적으로 급변하는 경우 경찰관 역시 그 상황에 맞는 물리력을 곧바로 사용할 수 있다.

가. (1단계: 평가) 현장상황을 종합적으로 고려하여 대상자 행위를 '순응', '소극적 저항', '적극적 저항', '폭력적 공격', '치명적 공격' 등으로 평가

나. (2단계: 판단) 대상자의 저항이나 공격을 제압할 수 있는 적절한 물리력 수단을 선택하되, 전체적인 현장상황이 안전하고 시간적 여유가 있는 경우 대상자가 야기하는 위해 수준을 감소시키기 위해 노력하여야 하며, 낮은 수준의 물리력 수단을 우선적으로 고려

다. (3단계: 행동) 선택한 물리력을 사용하는 경우에도 경찰목적을 달성하는 한도 내에서 대상자에게 최소한의 침해를 가져오는 방법으로 물리력을 사용

라. (4단계: 재평가) 이후 상황을 지속적으로 재평가하면서 대상자의 행위 및 현장 주변 상황 변화에 따라 대응 물리력 수준을 증가시키거나 감소

2.3.3. 이 연속체는 경찰관과 대상자가 대면하는 모든 상황에 기계적, 획일적으로 적용될 수 있는 것이 아니며, 실제 개별 경찰 물리력 사용 현장에서는 대상자의 행위 외에도 위해의 급박성, 대상자와 경찰관의 수 · 성별 · 체격 · 나이, 제3자에 대한 위해가능성, 기타 현장 주변 상황을 종합적으로 고려하여 가장 적절한 물리력을 사용하여야 한다.

제3장 개별 물리력 수단 사용 한계 및 유의사항

3.1. 현장 임장

3.1.1. 현장 임장의 정의

현장 임장은 경찰관이 대상자에게 접근하여 자신의 소속, 신분과 함께 임장의 목적과 취지를 밝혀 그에 따르도록 하는 것을 말한다. 현장 임장은 대상자의 모든 행위 유형에서 행해질 수 있다.

3.2.1. 현장 임장 시 유의사항

가. 경찰관은 현장에 임장하는 것만으로도 대상자의 순응을 이끌어 낼 수 있다는 점을 인식하여 현장 임장만으로 상황을 종결시키도록 노력하여야 한다.

나. 경찰관은 현장 임장 시 대상자 및 주변 관계자들에 의한 갑작스런 위해 발생 가능성을 염두에 두고 불시의 피습에 대한 대비, 대상자의 흉기소지 여부 확인, 대상자와의 적절한 거리 유지, 여타 경찰 물리력 사용 태세 완비 등 신변보호를 위한 적절한 조치를 취하여야 한다.

다. 경찰관은 현장 임장 시 대상자나 주변 관계자들의 감정을 자극하거나 오해를 불러 일으켜 경찰관 또는 제3자에 대한 위해로 이어지지 않도록 하여야 한다.

3.2. 언어적 통제

3.2.1. 언어적 통제의 정의

언어적 통제는 경찰관이 대상자에게 특정 행위를 유도하거나 합법적인 명령을 발하기 위해 말이나 행동으로 하는 대화, 설득, 지시, 경고 등을 말하며 대상자의 어깨를 다독이거나 손을 잡아 주는 등의 가벼운 신체적 접촉도 포함한다. 언어적 통제는 대상자의 모든 행위 유형에서 행해질 수 있다.

3.2.2. 언어적 통제 시 유의사항

가. 경찰관은 대상자에 대한 직접적인 물리력 사용 이전 언어적 통제를 통하여 상황을 종결시킬 수 있도록 노력하여야 한다. 다만, 이러한 시도가 오히려 상황을 악화시킬 가능성이 있거나 급박한 경우에는 생략할 수 있다.

나. 경찰관이 언어적 통제를 시도하는 경우 대상자가 경찰관의 지시, 경고 등에 따를 충분한 시간을 부여하여야 한다.

다. 경찰관은 언어적 통제 시 대상자가 갑자기 위해를 가하거나 도주할 것에 대비하여 여타 경찰 물리력 사용 태세를 갖추어야 한다.

라. 경찰관은 언어적 통제 시 불필요하게 대상자를 자극하여 경찰관 또는 제3자에 대한 위해로 이어지지 않도록 하여야 한다.

3.3. 신체적 물리력 사용

3.3.1. 신체적 물리력의 정의

'신체적 물리력'은 여타 무기나 경찰장구에 의존하지 않고 경찰관 자신의 신체, 체중, 근력을 활용하여 대상자를 통제하는 일련의 방법을 말한다.

3.3.2. 신체적 물리력 사용 한계 및 유의사항

가. 대상자가 '순응'하는 경우(협조적 통제)

경찰관은 '순응' 이상의 상태인 대상자를 인도 또는 안내하기 위해 대상자의 손이나 팔을 힘을 주지 않고 잡을 수 있고 어깨 등 신체 일부를 힘을 주지 않고 밀거나 잡아끌 수 있다. (다만, 임의동행하는 대상자를 인도·안내하는 경우에는 동행의 임의성이 침해되지 않도록 신체 접촉에 유의하여야 한다)

형사소송법 에 따라 대상자를 체포하는 경우에는 수갑 등으로 결박하기 위해 대상자 신체 일부를 잡거나 대상자를 돌려 세울 수 있다.

나. 대상자 행위가 '소극적 저항'인 경우(접촉 통제)

경찰관은 '소극적 저항' 이상인 상태의 대상자를 통제하기 위해 손이나 팔을 힘을 주어 잡을 수 있고 대상자의 어깨 등 신체 일부를 힘을 주어 밀거나 잡아끌 수 있다.

대상자가 물체를 꽉 잡고 움직이지 않는 경우에는 대상자의 신체 일부를 쥐거나 누르거나 비틀어서 손을 떼도록 할 수 있다.

다. 대상자 행위가 '적극적 저항'인 경우(저위험 물리력)
경찰관은 '적극적 저항' 이상인 상태의 대상자에게 목을 압박하여 제압하거나 관절을 꺾는 방법, 팔·다리를 이용해 움직이지 못하도록 조르는 방법, 다리를 걸거나 들쳐 매는 등 균형을 무너뜨려 넘어뜨리는 방법, 대상자가 넘어진 상태에서 움직이지 못하게 위에서 눌러 제압하는 방법 등을 사용할 수 있다.

라. 대상자 행위가 '폭력적 공격'인 경우(중위험 물리력)
경찰관은 '폭력적 공격' 이상인 상태의 대상자에게 손바닥, 주먹, 발 등 신체 부위를 이용하여 대상자를 가격함으로써 제압할 수 있다.
또한, 현행범 체포나 긴급체포의 요건을 충족하는 대상자 또는 체포영장이 발부된 대상자가 도주하는 경우 체포를 위해 '중위험 물리력'으로 신체적 물리력을 사용할 수 있다.

마. 대상자 행위가 '치명적 공격'인 경우(고위험 물리력)
신체적 물리력 이외의 여타 모든 경찰 물리력 사용이 불가능하거나 무력화된 상태에서 형법상 정당방위 또는 긴급피난의 요건을 충족하는 경우 경찰관은 최후의 수단으로서 대상자의 신체 중요 부위 또는 급소 부위를 가격하는 방법, 대상자의 목을 강하게 조르거나 대상자의 신체를 강한 힘으로 압박하는 방법 등을 사용할 수 있다.
신체적 물리력을 '고위험 물리력'으로 사용할 수밖에 없는 불가피한 경우에는 3.9.2.항의 권총 사용 한계 가.~마.를 따른다.

3.4. 수갑 사용

3.4.1. 수갑의 정의

수갑은 대상자의 동작이 자유롭지 못하도록 대상자의 양쪽 손목에 걸쳐서 채우는 금속 재질의 장구로서 경찰청이 지급 또는 인정한 장비를 말한다.

3.4.2. 수갑 사용 한계 및 유의사항

가. 경찰관은 대상자의 언행, 현장상황 등을 종합적으로 고려하여 도주, 폭행, 소요, 자해 등의 위험이 있는 경우 수갑을 사용할 수 있으며, 그 우려가 높다고 판단되는 경우 뒷수갑을 사용할 수 있다.

나. 경찰관은 뒷 수갑 상태로 대상자를 이동시키는 경우 팔짱을 끼고 동행하는 등 도주 및 안전사고 예방을 위한 적절한 조치를 취하여야 한다.

다. 경찰관은 대상자의 움직임으로 수갑이 조여지거나 일부러 조이는 행위를 예방하기 위해 수갑의 이중 잠금장치를 사용하여야 한다. 다만, 대상자의 항거 등으로 사용이 곤란한 경우에는 사용하지 않을 수 있다.

라. 경찰관은 대상자의 신체적 장애, 질병, 신체상태로 인하여 수갑을 사용하는 것이 불합리하다 판단되는 경우에는 수갑을 사용하지 않을 수 있다.

마. 경찰관은 대상자가 수갑으로 인한 고통을 호소하는 경우 수갑 착용 상태를 확인하여 재착용, 앞수갑 사용, 한손 수갑 사용 등 적절한 조치를 취하여야 한다.

바. 경찰관은 급박한 상황에서 수갑이 없거나 사용이 불가능한 경우 예외적으로 경찰혁대 등을 수갑 대용으로 사용할 수 있다.

3.5. 경찰봉 사용

3.5.1. 경찰봉의 정의

경찰봉은 강화 플라스틱, 나무 또는 금속으로 제작된 원통형 막대기로서 경찰청이 지급 또는 인정한 장비를 말한다.

3.5.2. 경찰봉 사용 한계

가. 격리도구로서의 경찰봉 사용

경찰관은 '소극적 저항' 이상인 상태의 대상자에게 경찰봉을 대상자의 신체에 안전하게 밀착한 상태로 밀거나 끌어당길 수 있다.

나. 중위험 물리력으로서의 경찰봉 사용

1) 경찰관은 '폭력적 저항' 이상인 상태의 대상자의 신체를 경찰봉으로 찌르거나 가격할 수 있다. 이 경우 가급적 대상자의 머리, 얼굴, 목, 흉부, 복부 등 신체 중요 부위를 피하여야 한다.

2) 경찰관은 현행범 또는 사형·무기 또는 장기 3년 이상의 징역이나 금고에 해당하는 죄를 범한 대상자가 도주하는 경우 체포를 위해서 경찰봉으로 찌르거나 가격할 수 있다. 이 경우 가급적 신체 중요 부위를 피하여야 한다.

다. 고위험 물리력으로서의 경찰봉 사용

1) 경찰봉 이외의 여타 모든 경찰 물리력 사용이 불가능하거나 무력화된 상태에서 형법상 정당방위 또는 긴급피난의 요건을 충족하는 경우 경찰관은 최후의 수단으로서 경찰봉으로 대상자의 신체 중요 부위 또는 급소 부위를 찌르거나 가격할 수 있다.

2) 경찰관이 경찰봉을 '고위험 물리력'으로 사용할 수밖에 없는 불가피한 경우에는 3.9.2.항의 권총 사용 한계 가.~마.를 따른다.

3.6. 방패 사용

3.6.1. 방패의 정의

방패는 강화 플라스틱 또는 금속으로 제작된 판으로서 경찰청이 지급 또는 인정한 장비를 말한다.

3.6.2. 방패 사용 한계 및 유의사항

가. 격리도구로서의 방패 사용

경찰관은 '소극적 저항' 이상인 상태의 대상자에게 방패를 대상자의 신체에 안전하게 밀착한 상태로 밀 수 있다.

나. 중위험 물리력으로서의 방패 사용

1) 경찰관은 대상자의 '폭력적 저항' 이상인 상태의 대상자에 대해 방패로 강하게 압박 또는 세게 밀 수 있다.

2) 경찰관은 현행범 또는 사형 · 무기 또는 장기 3년 이상의 징역이나 금고에 해당하는 죄를 범한 범인이 도주하는 경우 체포를 위해 방패로 막거나 세게 밀 수 있다.

다. 고위험 물리력으로서의 방패 사용

1) 방패 이외의 여타 모든 경찰 물리력 사용이 불가능하거나 무력화된 상태에서 형법상 정당방위 또는 긴급피난의 요건을 충족하는 경우 경찰관은 최후의 수단으로서 방패를 '고위험 물리력'으로 활용하여 대상자의 신체를 가격할 수 있다.

2) 경찰관이 방패를 '고위험 물리력'으로 사용할 수밖에 없는 불가피한 경우에는 3.9.2.항의 권총 사용 한계 가.~마.를 따른다.

3.7. 분사기 사용

3.7.1. 분사기의 정의

분사기는 사람의 활동을 일시적으로 곤란하게 하는 최루 또는 자극 등의 작용제를 내장된 압축가스의 힘으로 분사할 수 있는 기기로서 경찰청이 지급 또는 인정한 장비를 말한다.

3.7.2. 분사기 사용 한계 및 유의사항

가. 경찰관은 '적극적 저항' 이상인 상태의 대상자에 대해 다른 저위험 물리력 이하의 수단으로 제압이 어렵고, 경찰관이나 대상자의 부상 등의 방지를 위해 필요하다고 판단되는 경우 분사기를 사용할 수 있다.

나. 경찰관은 범인의 도주방지를 위해 분사기를 사용할 수 있다.

다. 경찰관은 정당방위나 긴급피난의 요건이 충족되지 않는 한, 다음 어느 하나에 해당하는 상황에서는 분사기를 사용하여서는 아니 된다.

1) 밀폐된 공간에서의 사용(다만, 경찰 순찰차의 운행을 방해하는 대상자를 제압하기 위해 다른 물리력 사용이 불가능한 경우는 제외한다.)

2) 대상자가 수갑 또는 포승으로 결박되어 있는 경우(다만, 대상자의 행위로 인해 경찰관 또는 제3자에 대한 신체적 위해 발생 가능성 있는 경우는 제외한다.)

3) 대상자의 '소극적 저항' 상태가 장시간 지속될 뿐 이를 즉시 중단시켜야 할 정도로 급박하거나 위험하지 않은 상황

4) 경찰관이 대상자가 14세미만이거나 임산부 또는 호흡기 질환을 가지고 있음을 인지한 경우(다만, 대상자의 저항 정도가 고위험 물리력을 사용할 수밖에 없는 상황은 제외한다.)

라. 경찰관이 사람을 향하여 분사기를 발사하는 경우에는 사전 구두 경고를 하여야 한다. 다만, 현장상황이 급박한 경우에는 생략할 수 있다.

3.8. 전자충격기 사용

3.8.1. 전자충격기의 정의

전자충격기란 사람의 신체에 전류를 방류하여 대상자 근육의 일시적 마비를 일으킴으로써 대상자의 활동을 일시적으로 곤란하게 할 수 있는 기기로서 경찰청이 지급 또는 인정한 장비를 말한다. 그 사용 방법은 다음을 포함한다.

가. 대상자 신체에 대해 직접 접촉하여 사용하는 스턴 방식
나. 대상자 신체에 대해 직접 발사하여 사용하는 전극침 발사 방식

3.8.2. 전자충격기 사용 한계

가. 경찰관은 '폭력적 공격' 이상인 상태의 대상자에 대해 전자충격기를 사용할 수 있다.

나. 경찰관은 현행범 또는 사형 · 무기 또는 장기 3년 이상의 징역이나 금고에 해당하는 죄를 범한 대상자가 도주하는 경우 체포를 위해서 전자충격기를 사용할 수 있다.

다. 경찰관은 정당방위나 긴급피난의 요건이 충족되지 않는 한, 다음 어느 하나에 해당하는 상황에서는 전자충격기를 사용하여서는 아니 된다.

1) 대상자 주변에 가연성 액체(휘발유, 신나 등)나 가스누출, 유증기가 있어 전기 불꽃으로 인한 화재 · 폭발의 위험성이 있는 상황

2) 대상자가 계단, 난간 등 높은 곳에 위치하거나 차량 · 기계류를 운전하고 있는 상황

3) 대상자가 하천, 욕조 등의 부근에 있거나, 폭우 등으로 주변이 모두 물에 젖은 상황

4) 대상자가 14세 미만 또는 임산부인 경우

5) 대상자가 수갑 또는 포승으로 결박되어 있는 경우(다만, '폭력적 공격' 이상인 상태의 대상자로 인해 경찰관 또는 제3자에 대한 신체적 위해 발생 가능성 있는 경우는 제외한다)

6) 대상자의 '저항' 상태가 장시간 지속될 뿐 이를 즉시 중단시켜야 할 정도로 급박하거나 위험하지 않은 상황

7) 경찰관이 대상자가 갖고 있는 신체적·정신적 장애로 인하여 전자충격기 사용 시 상당한 수준의 2차적 부상 또는 후유증이 발생할 가능성을 인지한 경우(다만, 대상자의 저항 정도가 '고위험 물리력'을 사용할 수 밖에 없는 상황은 제외한다)

8) 대상자가 증거나 물건을 자신의 입 안으로 넣어 삼켰거나 삼키려 하여 질식할 수 있는 상황

3.8.3. 전자충격기 사용 시 유의사항

가. 경찰관은 근무 시작 전 전자충격기의 배터리 충전 여부와 전기 불꽃 작동 상태를 반드시 확인하여야 한다.

나. 경찰관은 공무수행에 필요하다고 믿을 만한 상황이 아닌 경우에는 전자충격기를 뽑아 들거나 다른 사람을 향하도록 하여서는 아니 되며, 반드시 전자충격기집에 휴대하여야 한다.

다. 경찰관은 전자충격기 사용 필요성이 인정되고 시간적 여유가 있는 경우에는 신속히 이 사실을 직근상급 감독자에게 보고하고, 동료 경찰관에게 전파하여야 한다. 이를 인지한 직근상급 감독자는 필요한 지휘를 하여야 한다.

라. 경찰관이 대상자에게 전자충격기 전극침을 발사하는 경우에는 사전 구두 경고를 하여야 한다. 다만, 현장상황이 급박한 경우에는 생략할 수 있다.

마. 경찰관이 사람을 향해 전자충격기를 사용하는 경우에는 적정사거리(3~4.5m)에서 후면부(후두부 제외)나 전면부의 흉골 이하(안면, 심장, 급소 부위 제외)를 조준하여야 한다. 다만, 대상자가 두껍거나 헐렁한 상의를 착용하여 전극침의 효과가 없다고 판단되는 경우 대상자의 하체를 조준하여야 한다.

바. 경찰관은 전자충격기 전극침 불발, 명중 실패, 효과 미발생 시 예상되는 대상자의 추가적인 공격에 대한 적절한 대비책(스턴 방식 사용, 경찰봉 사용 준비, 동료 경찰관의 물리력 사용 태세 완비, 경력 지원 요청 등)을 미리 준비하여야 한다.

사. 전자충격기 전극침이 대상자에 명중한 경우에는 필요 이상의 전류가 흐르지 않도록 즉시 방아쇠로부터 손가락을 떼야하며, 1 사용주기(방아쇠를 1회 당겼을 때 전자파장이 지속되는 시간)가 경과한 후 대상자의 상태, 저항 정도를 확인하여 추가적인 전자충격을 줄 필요가 있다고 판단되는 경우 다시 방아쇠를 당겨 사용할 수 있다.

아. 한 명의 대상자에게 동시에 두 대 이상의 전자충격기 전극침을 발사하거나 스턴 기능을 사용해서는 아니 된다.

자. 수갑을 사용 하는 경우, 먼저 전자충격기를 전자충격기집에 원위치 시킨 이후 양손으로 시도하여야 한다. 전자충격기를 파지한 상태에서 다른 한 손으로 수갑을 사용할 수밖에 없는 불가피한 상황에서는 안전사고 및 전자충격기 피탈방지에 각별히 유의하여야 한다.

3.9. 권총 사용

3.9.1. 권총의 정의

권총은 한 손으로 다룰 수 있는 짧고 작은 총으로서 경찰청이 지급 또는 인정한 무기를 말한다.

3.9.2. 권총 사용 한계

가. 경찰관은 대상자가 경찰관이나 제3자의 생명·신체에 대한 급박하고 중대한 위해를 야기하거나, 위해 발생이 임박한 경우 권총 이외의 수단으로서는 이를 제지할 수 없는 상황에 한하여 대상자에게 권총을 사용할 수 있다.

나. 경찰관은 사형·무기 또는 장기 3년 이상의 징역이나 금고에 해당하는 죄를 저질렀거나 저지르고 있다고 믿을 만한 상당한 이유가 있는 대상자가 도주하면서 경찰관 또는 제3자의 생명·신체에 대한 급박하고 중대한 위해를 야기하거나, 그 위해 발생이 임박한 경우 권총 이외의 수단으로서는 이를 제지할 수 없는 상황에 한하여 체포를 위해 대상자에게 권총을 사용할 수 있다.

다. 경찰관은 대상자가 경찰관 자신이나 제3자의 생명·신체에 대한 중대하고 급박한 위해를 야기하지 않고 단순히 도주하는 경우에는 오로지 체포나 도주방지 목적으로 권총을 사용하여서는 아니 된다.

라. 경찰관은 오로지 대상자 본인의 생명 · 신체에 대해서만 급박하고 중대한 위해를 야기하는 경우에는 이를 제지할 목적으로 권총을 사용하여서는 아니 된다.

마. 경찰관은 오로지 재산만을 보호할 목적으로 권총을 사용하여서는 아니 된다.

바. 경찰관은 다음 어느 하나에 해당하는 상황에서는 권총을 사용하여서는 아니 된다.

1) 대상자에게 단순히 경고를 하거나 겁을 줄 목적 또는 주의를 환기시킬 목적으로 실탄 또는 공포탄을 발사하는 행위

2) 대상자 이외의 제3자의 생명 · 신체에 대한 위해가 예상되는 경우(다만, 권총을 사용하지 아니하고는 타인 또는 경찰관의 생명에 대한 중대한 위험을 방지할 수 없다고 인정되는 등 긴급피난의 요건을 충족하는 경우 필요최소한의 범위 내에서 사용할 수 있다)

3) 경찰관이 움직이는 차량에 탑승한 상태에서 권총 실탄을 발사하는 행위(다만, 대상자가 경찰관 또는 제3자를 향해 차량으로 돌진하는 경우와 같이 형법상 정당방위 또는 긴급피난의 요건을 충족하는 경우는 제외한다.)

4) 경찰관이 움직이는 차량을 정지시키기 위해 권총 실탄을 발사하는 행위(다만, 대상자가 경찰관 또는 제3자를 향해 차량으로 돌진하는 경우와 같이 형법상 정당방위 또는 긴급피난의 요건을 충족하는 경우는 제외한다.)

5) 14세 미만의 자 또는 임산부에 대한 권총 사용(다만, 대상자가 총기 또는 폭발물을 가지고 대항하여 권총을 사용하지 아니하고는 타인 또는 경찰관의 생명 · 신체에 대한 중대한 위험을 방지할 수 없다고 인정되는 경우는 제외한다.)

3.9.3. 권총 사용 시 유의사항

가. 경찰관은 공무수행 중 필요하다고 믿을 만한 경우가 아닌 경우에는 권총을 뽑아 들거나 다른 사람을 향하도록 하여서는 안 되며, 반드시 권총을 권총집에 휴대하여야 한다.

나. 권총 장전 시 반드시 안전고무(안전장치)를 장착한다.

다. 경찰관은 권총 사용의 필요성이 인정되고 시간적 여유가 있는 경우에는 신속히 이 사실을 직근상급 감독자에게 보고하고, 동료 경찰관에게 전파하여야 한다. 이를 인지한 직근상급 감독자는 신속히 현장으로 진출하여 지휘하여야 한다.

라. 경찰관이 권총을 뽑아드는 경우, 격발 순간을 제외하고는 항상 검지를 방아쇠울에서 빼 곧게 뻗어 실린더 밑 총신에 일자로 대는 '검지 뻗기' 상태를 유지하여 의도하지 않은 격발을 방지하여야 한다.

마. 경찰관이 권총집에서 권총을 뽑은 상태에서 사격을 하지 않는 경우, 총구는 항상 지면 또는 공중을 향하게 하여야 한다.

바. 경찰관은 사람을 향하여 권총을 발사하고자 하는 때에는 사전 구두 경고를 하거나 공포탄으로 경고하여야 한다. 다만, 현장상황이 급박하여 대상자에게 경고할 시간적 여유가 없는 경우나 인질·간첩 또는 테러사건에 있어서 은밀히 작전을 수행하는 경우 등 부득이한 때에는 생략할 수 있다.

사. 경찰관이 공포탄 또는 실탄으로 경고 사격을 하는 때는 경찰관의 발 앞쪽 70도에서 90도 사이 각도의 지면 또는 장애물이 없는 허공을 향하여야 한다.

아. 경찰관은 사람을 향해 권총을 조준하는 경우에는 가급적 대퇴부 이하 등 상해 최소 부위를 향한다.

자. 경찰관이 리볼버 권총을 사용하는 경우 안전을 위해 가급적 복동식 격발 방법을 사용하여야 하며, 단동식 격발 방법을 사용하는 경우 격발에 근접한 때가 아닌 한 권총의 공이치기를 미리 젖혀놓지 않도록 하여야 한다.

차. 수갑을 사용하는 경우, 먼저 권총을 권총집에 원위치 시킨 이후 양손으로 시도하여야 한다. 권총을 파지한 상태에서 다른 한 손으로 수갑을 사용할 수밖에 없는 불가피한 상황에서는 오발 사고 및 권총 피탈 방지에 각별히 유의하여야 한다.

제4장. 경찰 물리력 사용 후 조치사항

4.1. 부상자 확인 및 조치

4.1.1. 경찰관이 대상자에게 신체접촉을 동반하는 물리력을 사용한 경우에는 반드시 대상자의 부상 여부를 즉시 확인하고, 부상 발생 시에는 지체 없이 의료진 호출, 응급조치 실시, 대상자 병원 후송, 직근상급 감독자 보고 등의 긴급조치를 취하여야 한다.

4.1.2. 이 사실을 보고받은 직근상급 감독자는 즉시 현장으로 진출하여 물리력 사용 및 부상 경위 파악, 현장 보존, 목격자 확보 등 필요한 후속조치를 취하여야 한다.

4.1.3. 대상자 병원 후송 시에는 지체 없이 대상자의 보호자 등에 해당 사실을 통지하여야 한다.

4.2. 사용보고

4.2.1. 경찰관이 권총, 전자충격기(스턴 방식 사용 포함), 분사기, '중위험 물리력' 이상의 경찰봉·방패, 기타 사람에게 위해를 끼칠 수 있는 장비를 사용한 경우 신속히 별지 서식의 사용보고서를 작성하여 소속기관의 장에게 보고하여야 한다.

4.2.2. 수갑을 사용한 때에는 일시·장소·사용경위·사용방식·사용시간 등을 근무일지 또는 수사보고서에 기재하여야 한다.

4.2.3. 수갑 또는 신체적 물리력을 사용하여 대상자에게 부상이 발생한 경우 별지 서식의 사용보고서를 작성하여 보고하여야 한다.

4.2.4. 경찰관이 권총을 사용한 경우 또는 권총 이외의 물리력 수단을 사용하여 대상자에게 사망 또는 심각한 부상이 발생한 경우 소속기관의 장은 그 내용을 상급 경찰기관의 장을 경유하여 경찰청장에게 보고하여야 한다.

4.3. 고위험 물리력 사용자에 대한 조치

4.3.1. 소속 경찰관이 권총을 비롯한 '고위험 물리력'을 사용한 경우 경찰기관의 장은 해당 경찰관이 명백히 중대한 과실 또는 고의로 권총을 사용하지 않은 이상 육체적, 심리적 안정을 되찾고 향후 관련 조사에 성실히 임하게 할 필요가 있다고 인정되는 때에는 적절한 조치(조사를 위한 공가 허가, 근무 중 휴게 부여, 근무지정 해제, 의료기관 · 상담기관 연계 등)를 취하여야 한다.

4.3.2. '고위험 물리력'을 사용한 경찰관의 육체적, 심리적 안정을 위한 조치를 취하는 경우에는 직근상급 감독자가 물리력 사용 경찰관을 대리하여 사용보고서를 작성, 보고하여야 한다.

■ 참고문헌

윤현, 유영창, 김진성, 김정석(2015). 유도. 대경북스

김화수 외 대한경찰경호무도연맹(2022). 경찰경호무도 교범. 하나의학사

김창완(2015). 경찰호신 · 체포술 상황대처법 교본Ⅰ. 경찰체포술연구원

김화수, 정훈 외 경찰대학 체포호신술연구센터(2022). 경찰무도Ⅱ

보호관찰 실전체포술 교본(2022). 법무부 범죄예방정책국

경찰청예규(경찰 물리력 행사의 기준과 방법에 관한 규칙)

경찰관직무집행법

■ 저자약력

정 훈
중부대학교 경찰행정학과 교수
경찰대학 무도체육센터 수석연구위원
법무연수원 실전체포술 강사
한국체육대학교 체육학석사
충남대학교 이학박사

민새롬
충주경찰서 형사과
전) 중앙경찰학교 현장대응학과 실전체포술팀 교수요원
법무연수원 실전체포술 강사
동국대학교 경찰사법대학원 경찰학석사

정현수
대통령경호처
서울대학교 행정대학원석사
경찰대학교 치안대학원 박사과정
Michigan State University, visiting scholar